So Many Lovely Animals

Guess What They're Talking About!
(Fill in the blank speech bubbles)

60 species of animals (names in 6 languages)

(English | Chinese | Spanish | Japanese | German | French)

Written and photographed by

Sam C. Lee

Infomages Publishing

So Many Lovely Animals – Guess What They're Talking About!
(Fill in the blank speech bubbles)

Written and photographed by Sam C. Lee

Copyright © 2019 by Sam C. Lee

All rights reserved. No part of this publication may be reproduced, stored in a retrieval system, or transmitted in any form or by any means, electronic, mechanical, photocopying, recording, or otherwise, without written permission of the author or publisher. For information regarding permission, please write to:

Infomages Publishing, PO Box 182, Northborough, MA 01532 USA

Or, email to: booksrfun@infomages.com

ISBN: 9781652551997

Published by:
Infomages Publishing, PO Box 182, Northborough, MA 01532 USA

Printed in the United States of America

First edition first printing, December 2019

Inspire | Create | Empower

✓ A collection of 60 adorable animal pictures with blank speech bubbles to spark the imaginations of readers.

✓ Support communication and social skills development.

✓ Help beginning readers to learn about the animals.

✓ Animal names in 6 languages (English, Chinese, Spanish, Japanese, German and French).

✓ Copy and use as eye-catching memos or reminders.

✓ Fun icebreaker game for group activities.

Animals included in this book:

Alpaca	Dog	Panda
Ant Bear	Dolphin	Parrot
Baboon	Elephant	Penguin
Bat	Falcon	Pig
Beluga Whale	Flamingo	Pigeon
Blue Jay	Frog	Polar Bear
Budgerigar	Gecko	Rabbit
Buffalo	Giraffe	Raccoon
Butterflyfish	Goat	Robin
Camel	Goldfish	Sea Lion
Capybara	Goose	Seagull
Cardinal	Hen	Snail
Cat	Heron	Sparrow
Chickadee	Horse	Squirrel
Chipmunk	Kangaroo	Swan
Clownfish	Koi	Tortoise
Cormorant	Mallard Duck	Turkey
Cow	Merganser	Turtle
Crane	Monkey	Woodpecker
Crocodile	Ostrich	Zebra

Alpaca

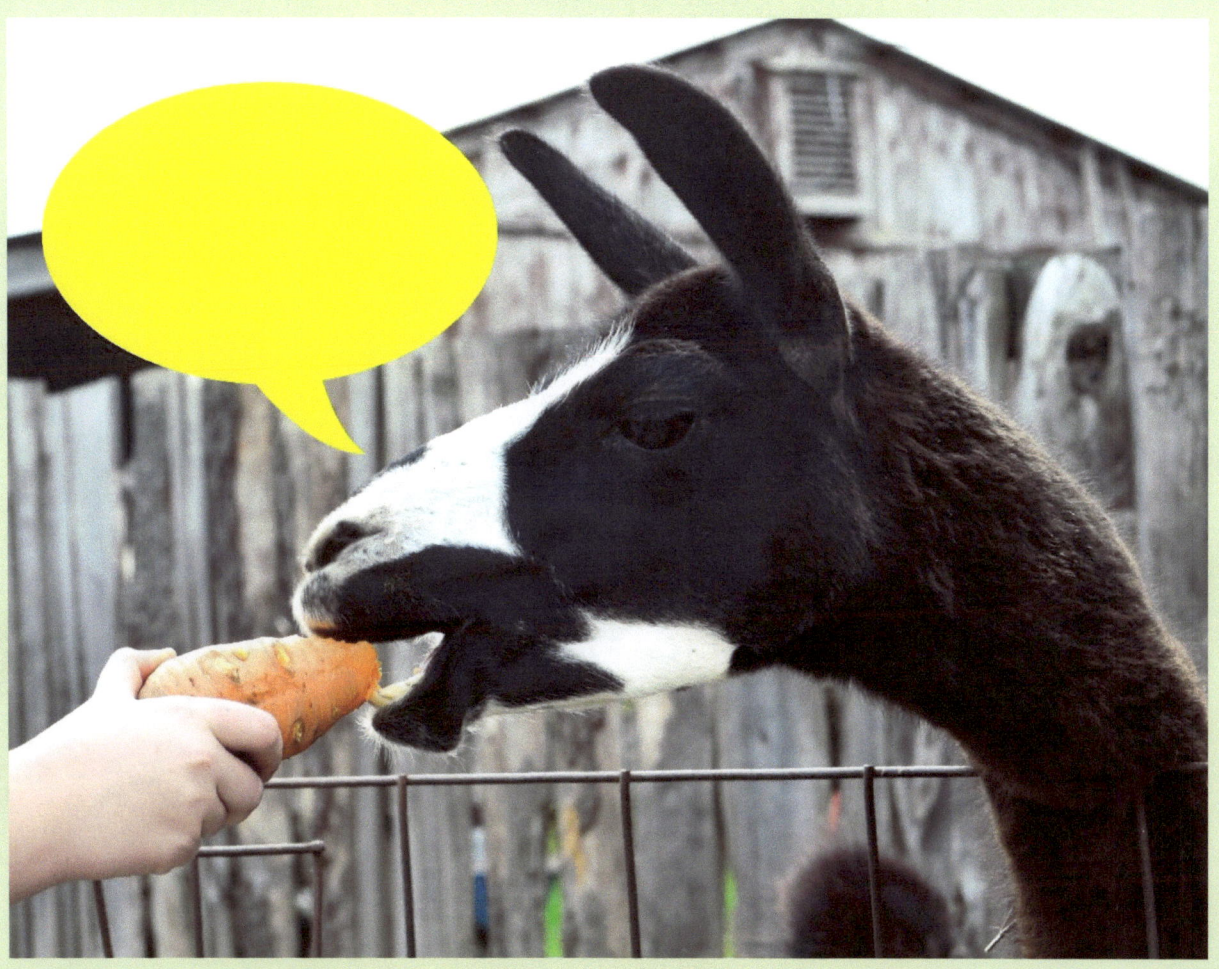

羊駝 | Alpaca | アルパカ | Alpaka | Alpaga

Chinese | Spanish | Japanese | German | French

Ant Bear

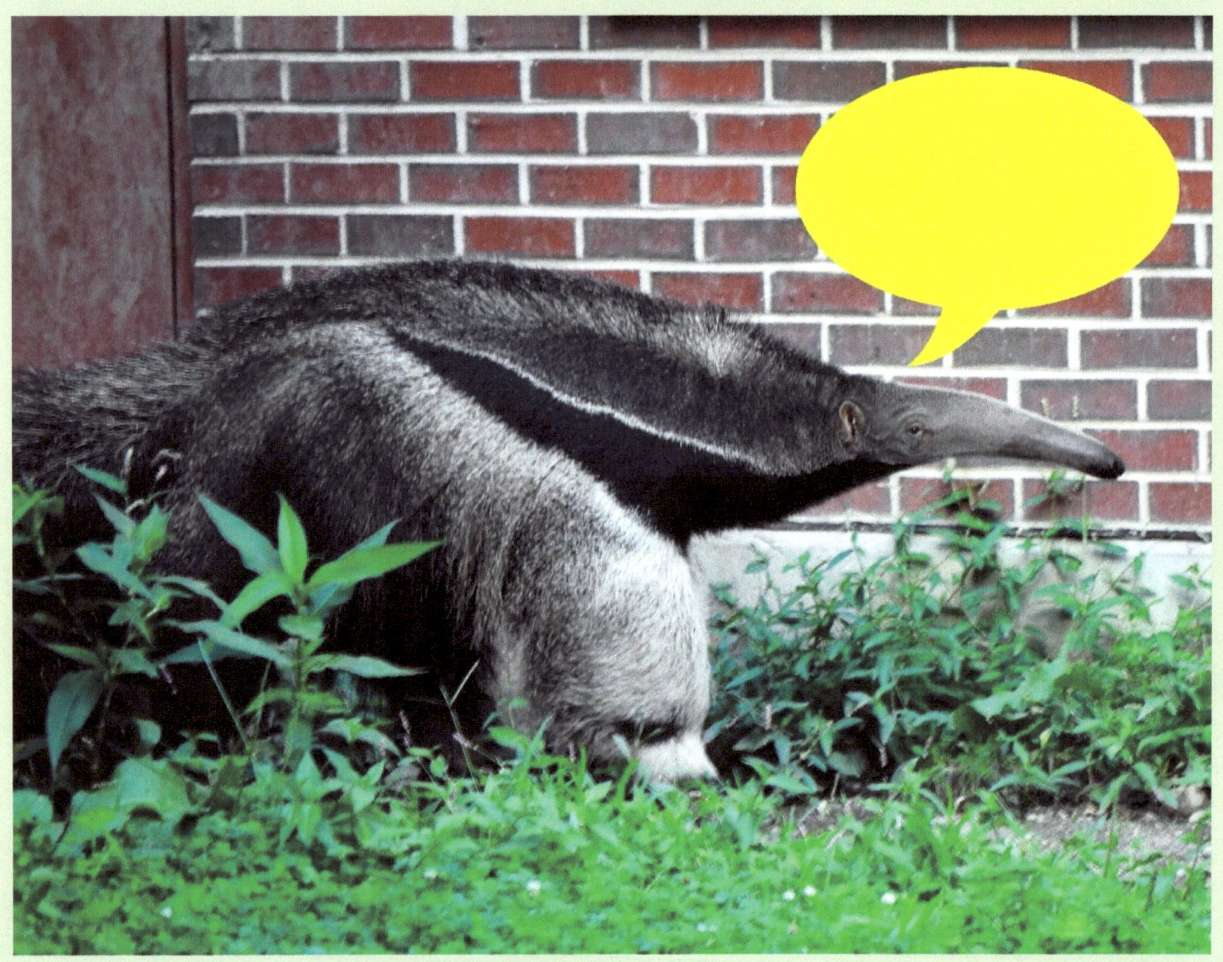

螞蟻熊 | Oso Hormiga | アントベア | Ameisenbär | Fourmi Ours

Chinese | Spanish | Japanese | German | French

Baboon

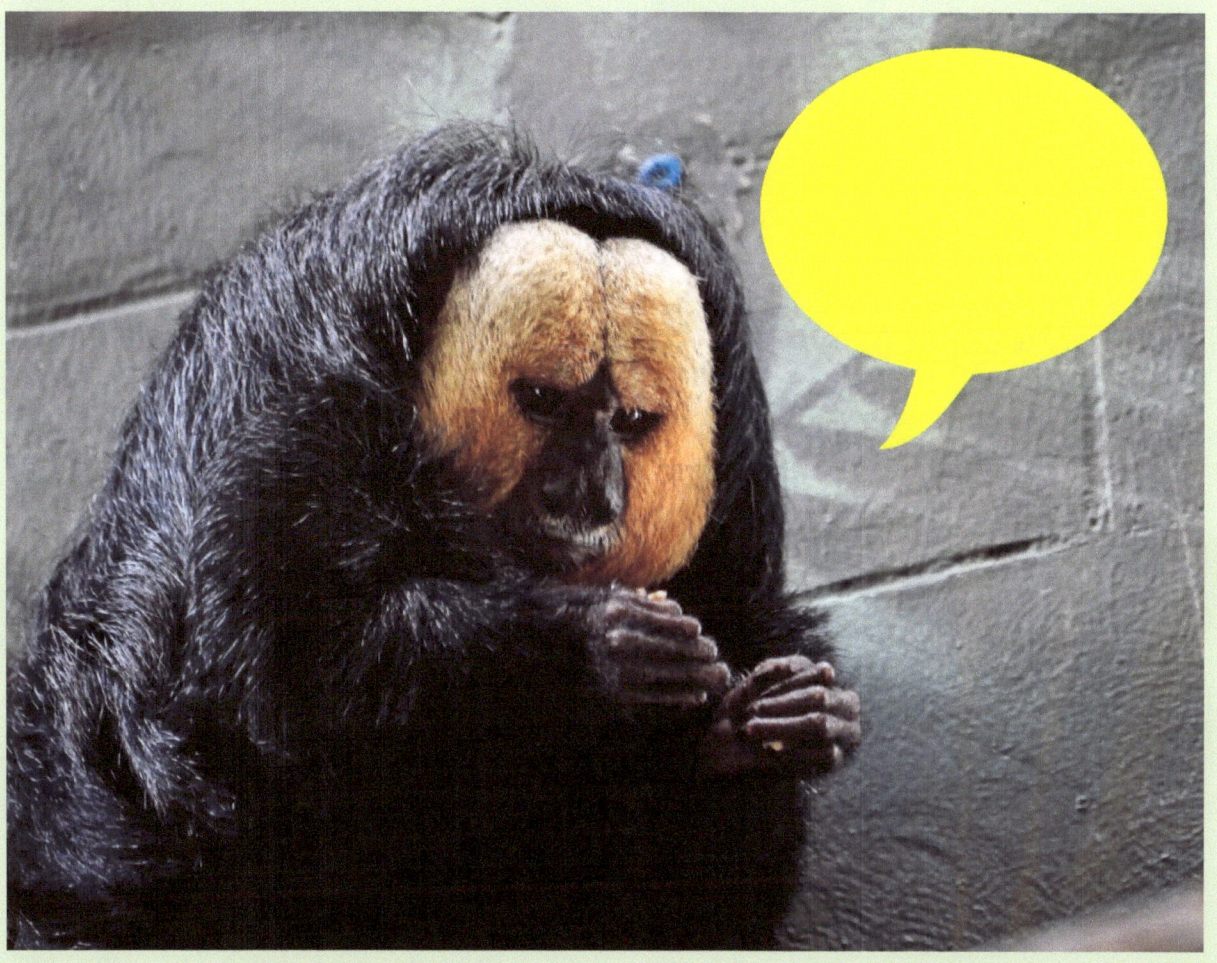

狒狒 | Babuino | ヒヒ | Pavian | Babouin

Chinese | Spanish | Japanese | German | French

Bat

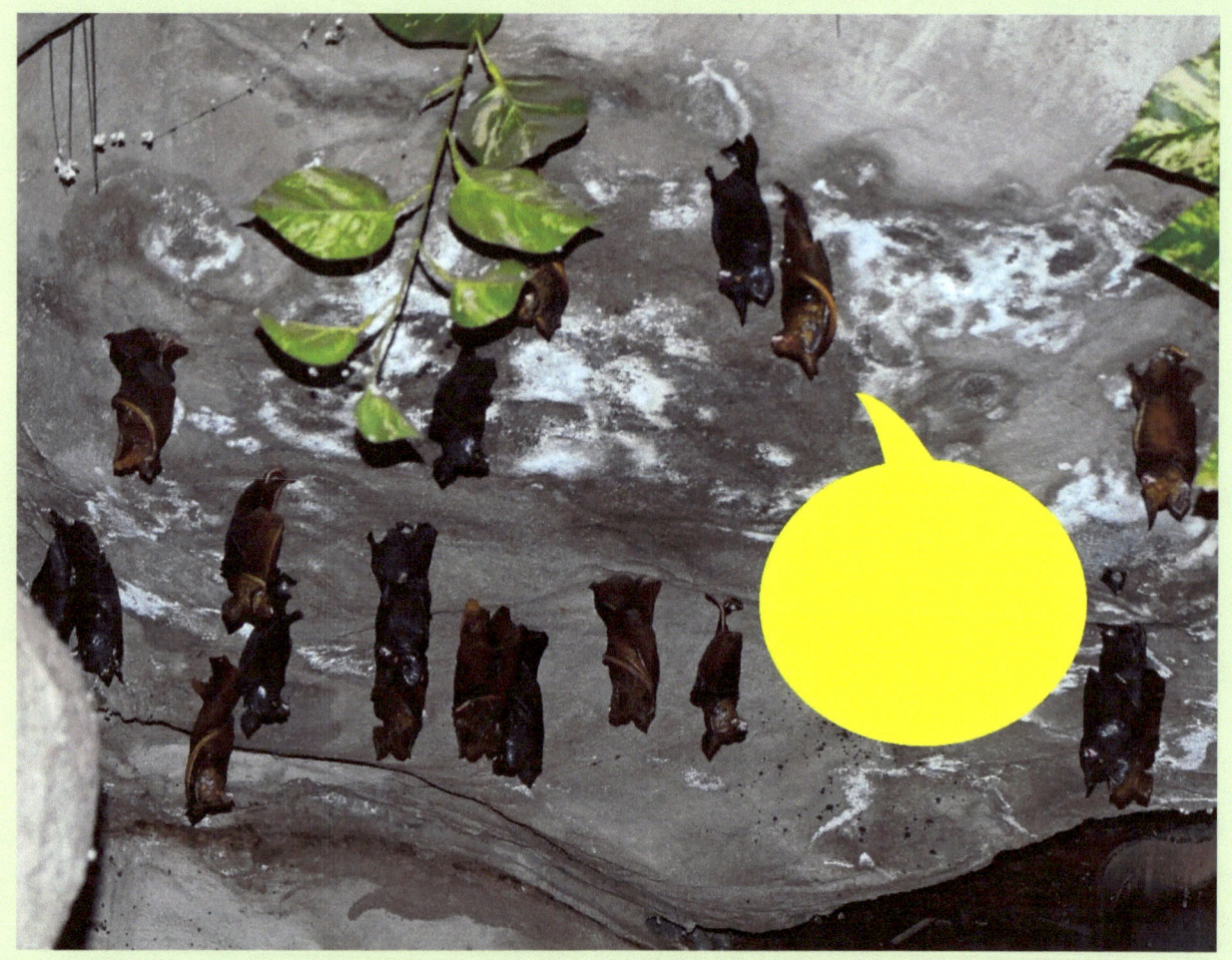

蝙蝠 | Murciélago | コウモリ | Fledermäuse | Chauves-souris

Chinese | Spanish | Japanese | German | French

Beluga Whale

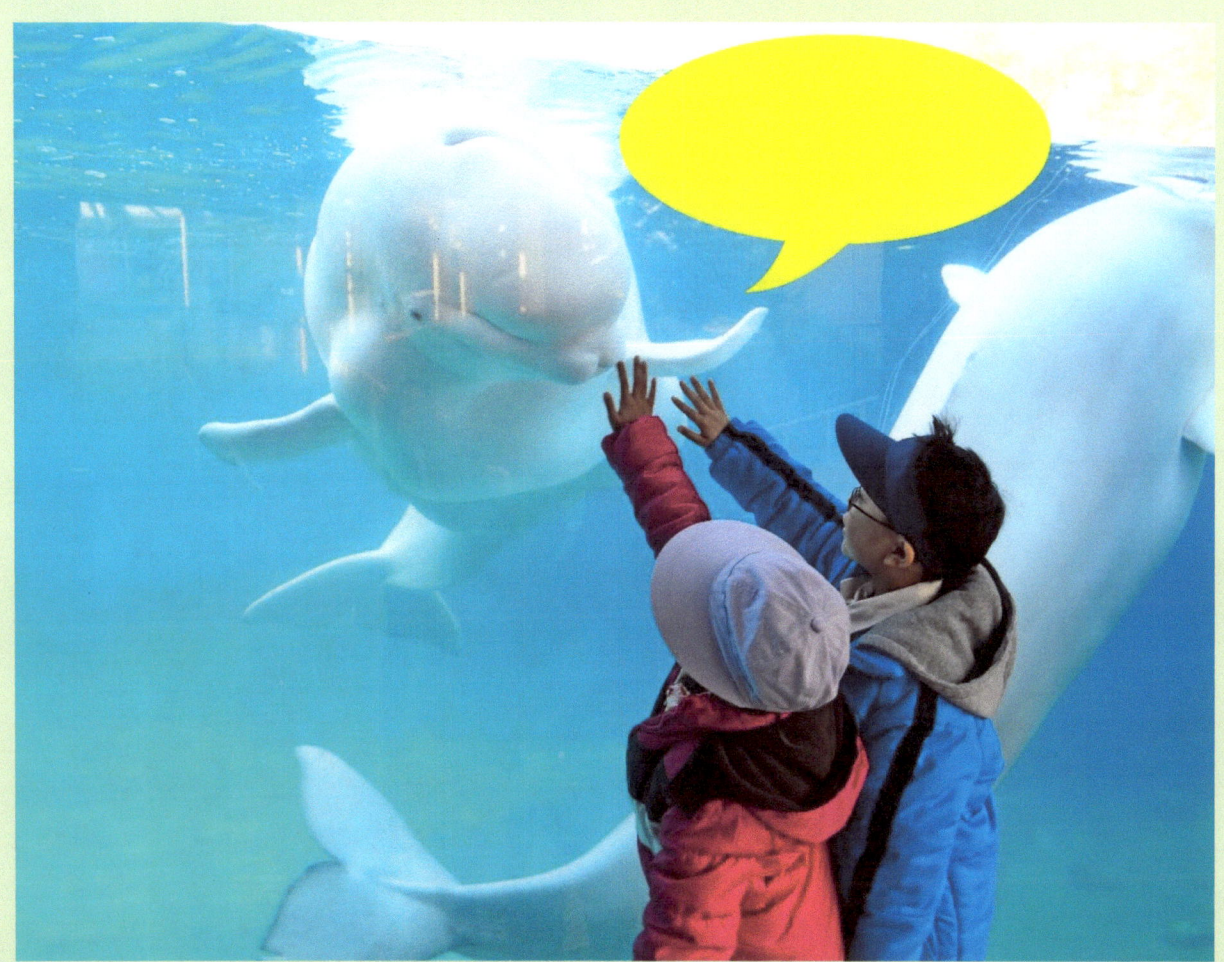

白鯨 | Beluga | ベルーガ | Belugawal | Béluga

Chinese | Spanish | Japanese | German | French

Blue Jay

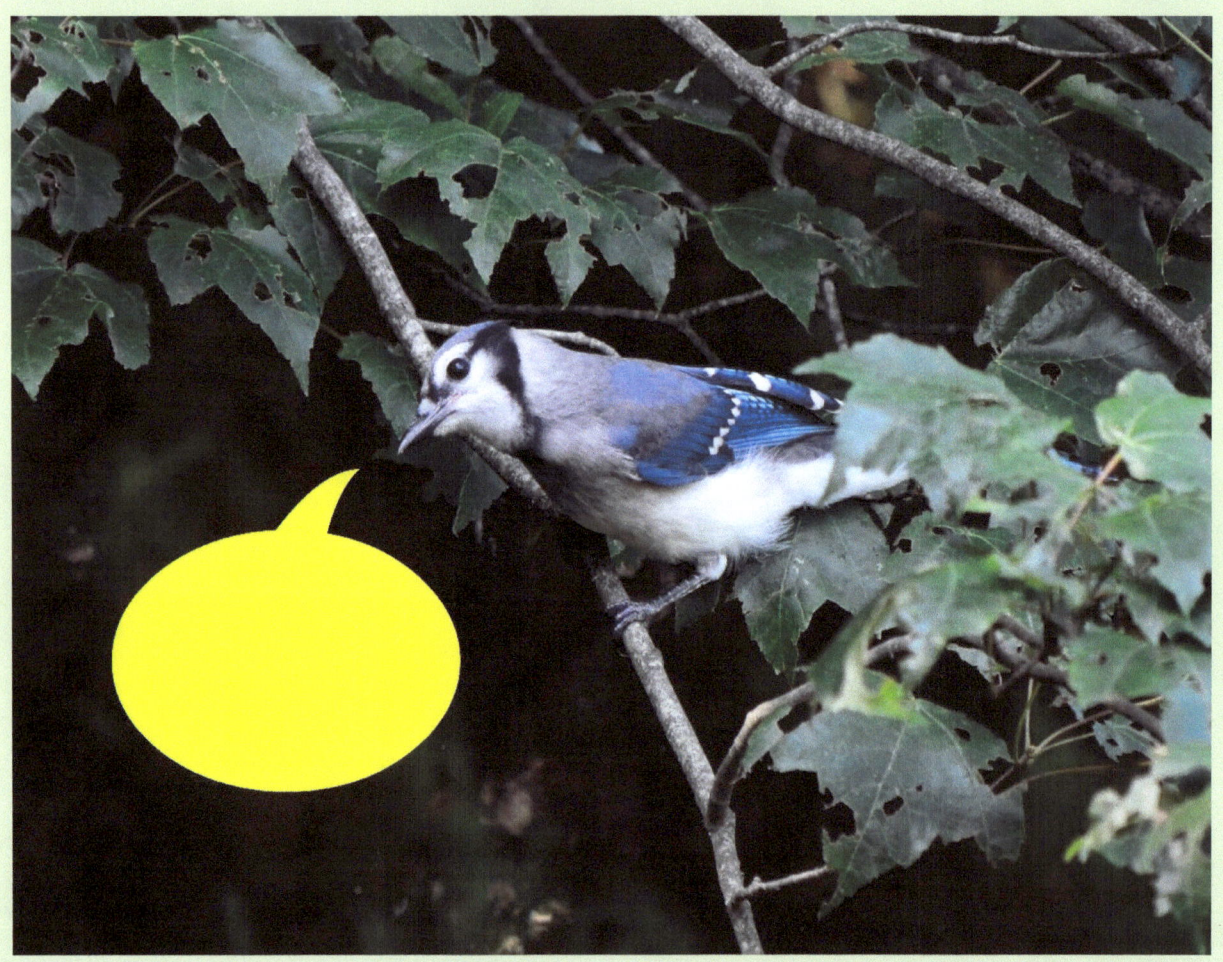

藍松鴉 | Jay Azul | アオカケス | Blue Jay Blau | Geai Bleu

Chinese | Spanish | Japanese | German | French

Budgerigar

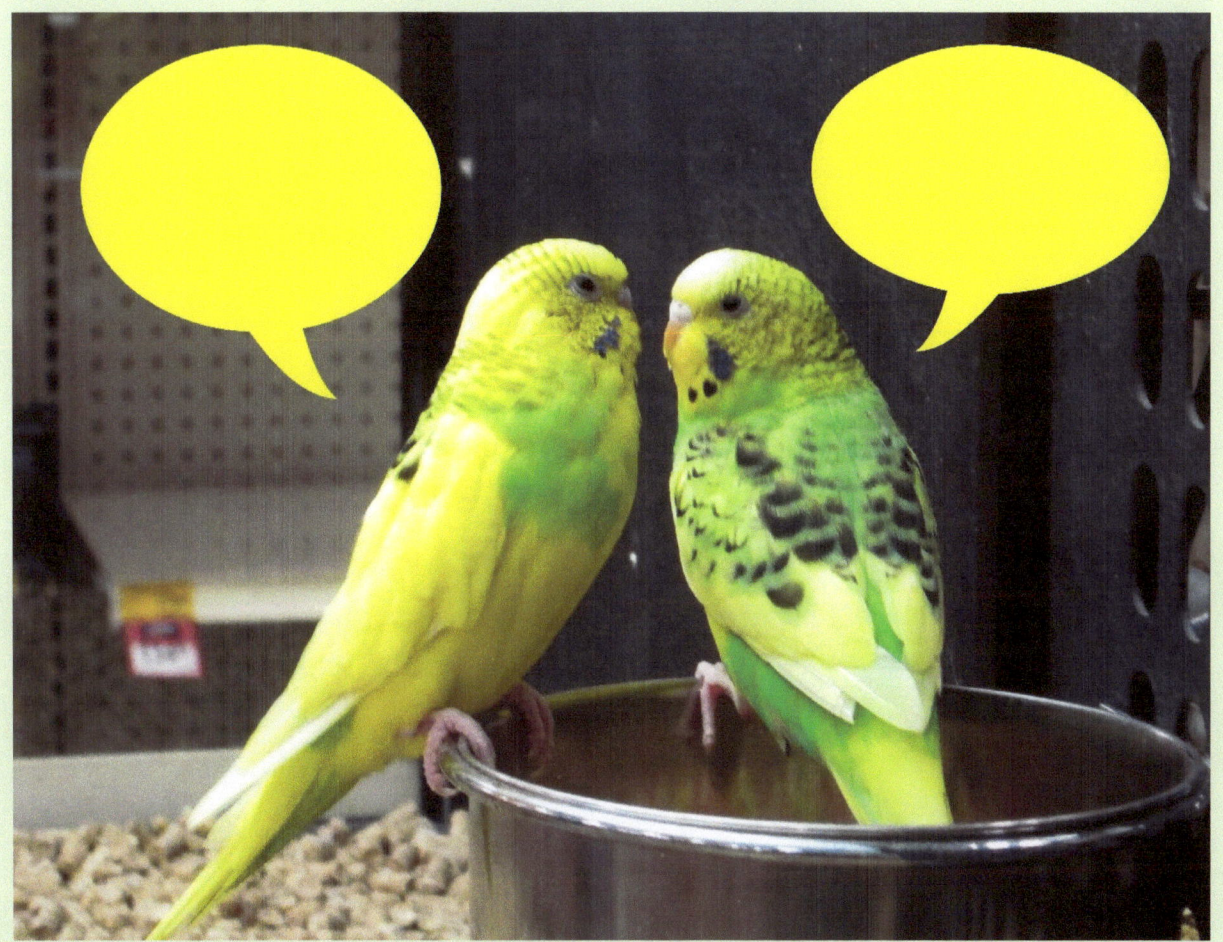

虎皮鸚鵡 | Periquito | セキセイインコ | Wellensittich | Perruche

Chinese | Spanish | Japanese | German | French

Buffalo

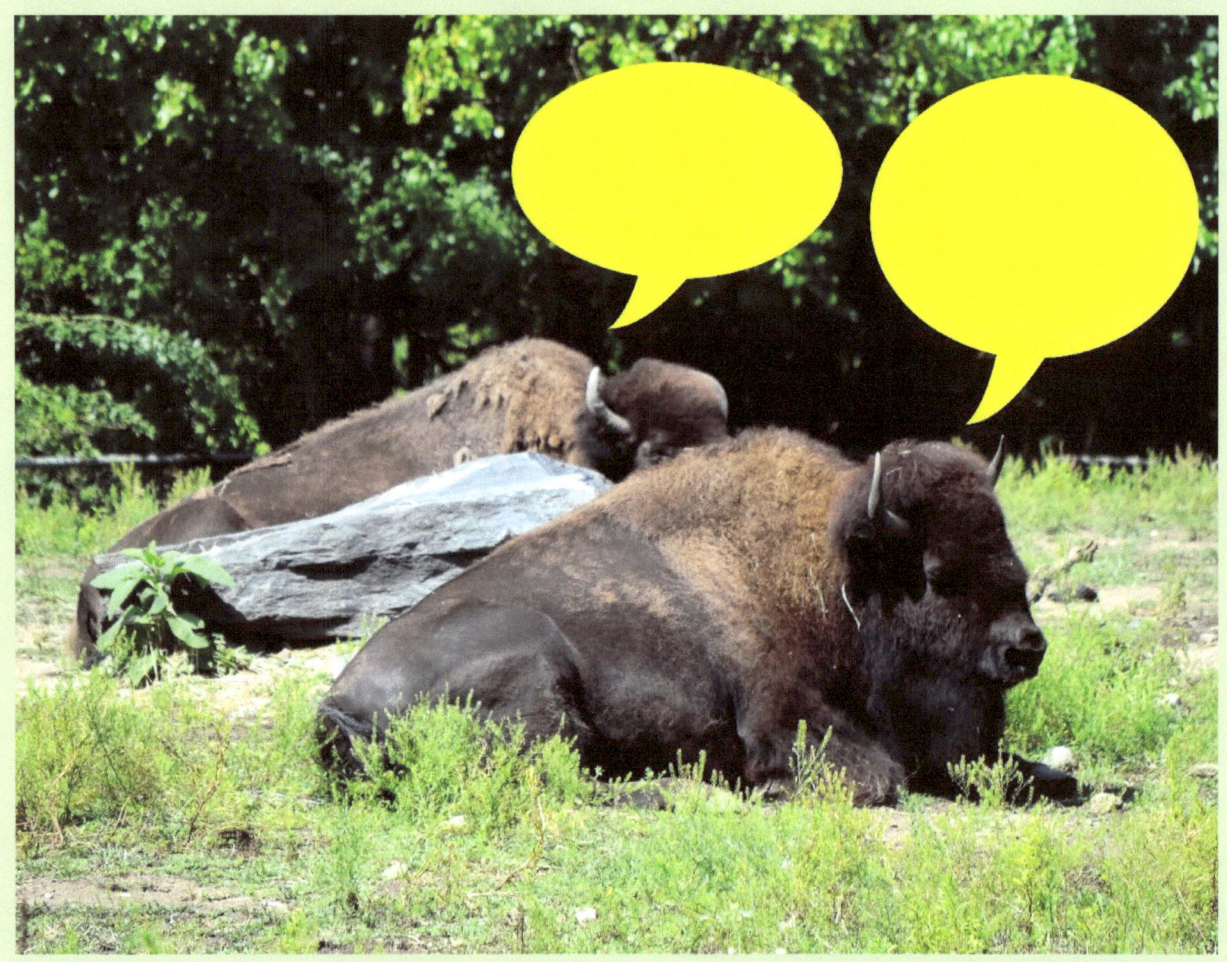

水牛 | Búfalo | バッファロー | Büffel | Buffle

Chinese | Spanish | Japanese | German | French

Butterflyfish

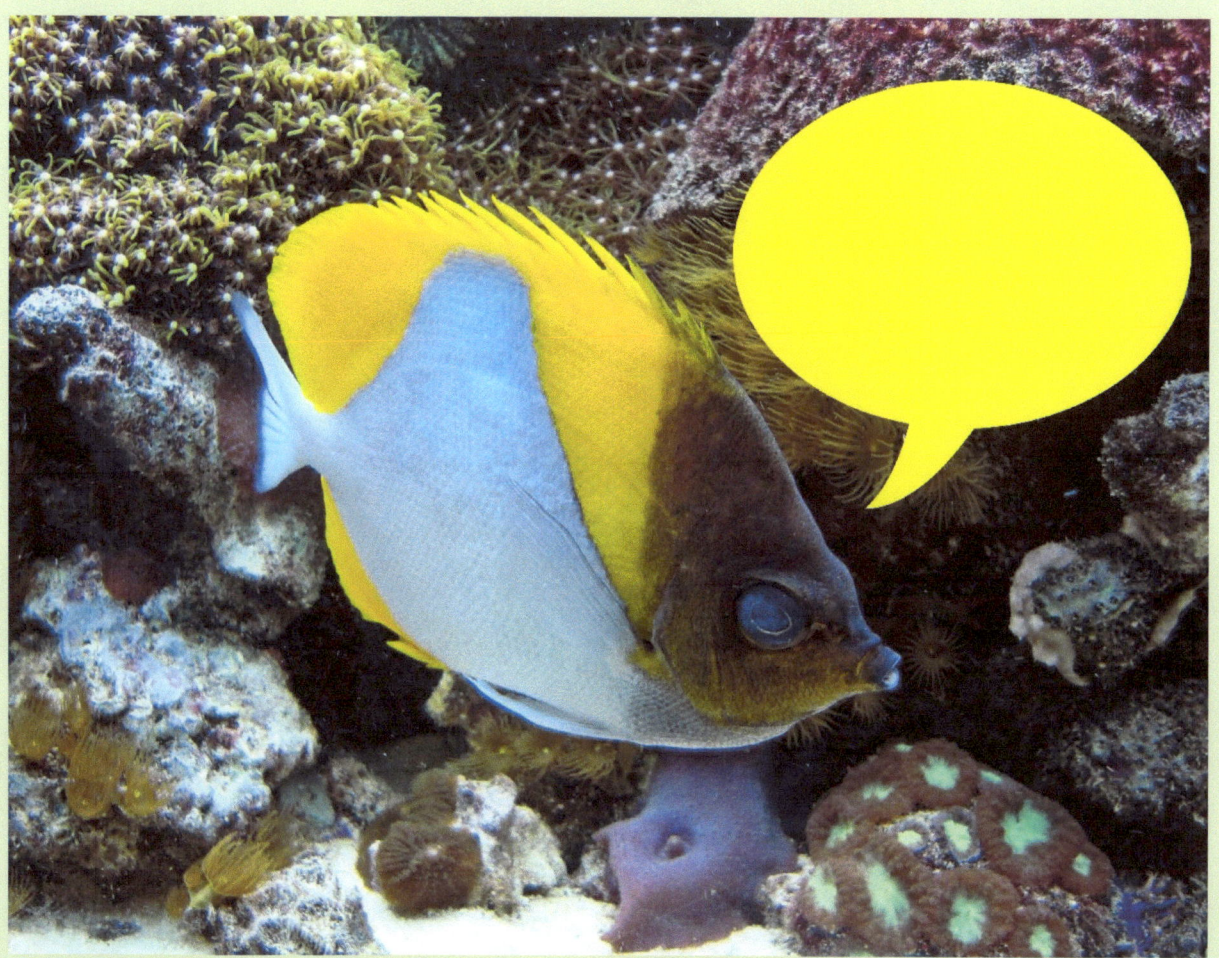

蝴蝶魚 | Pez Mariposa | **チョウチョウウオ** | Falterfisch | Poisson Papillon

Chinese | Spanish | Japanese | German | French

Camel

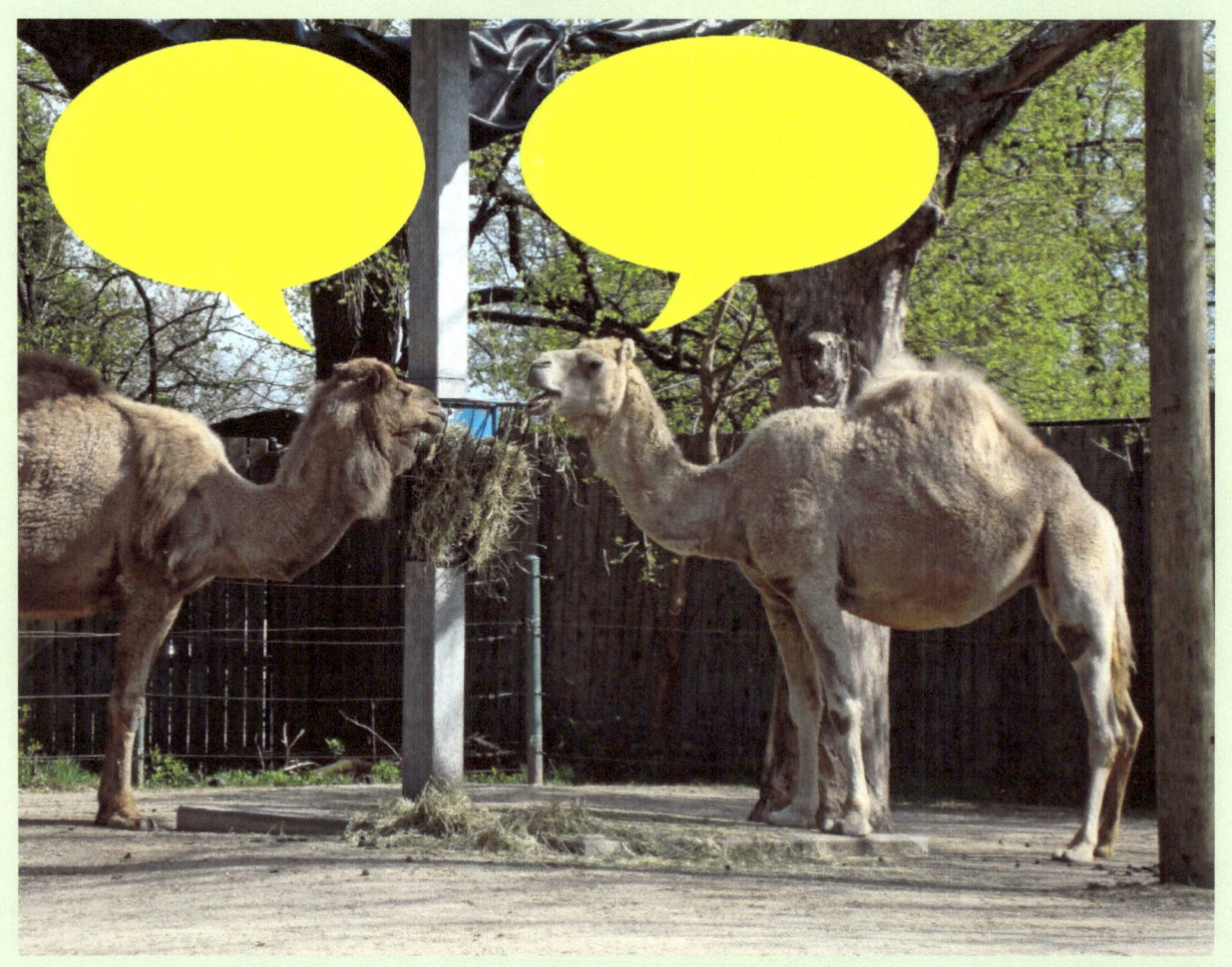

骆驼 | Camello | ラクダ | Kamel | Chameau

Chinese | Spanish | Japanese | German | French

Capybara

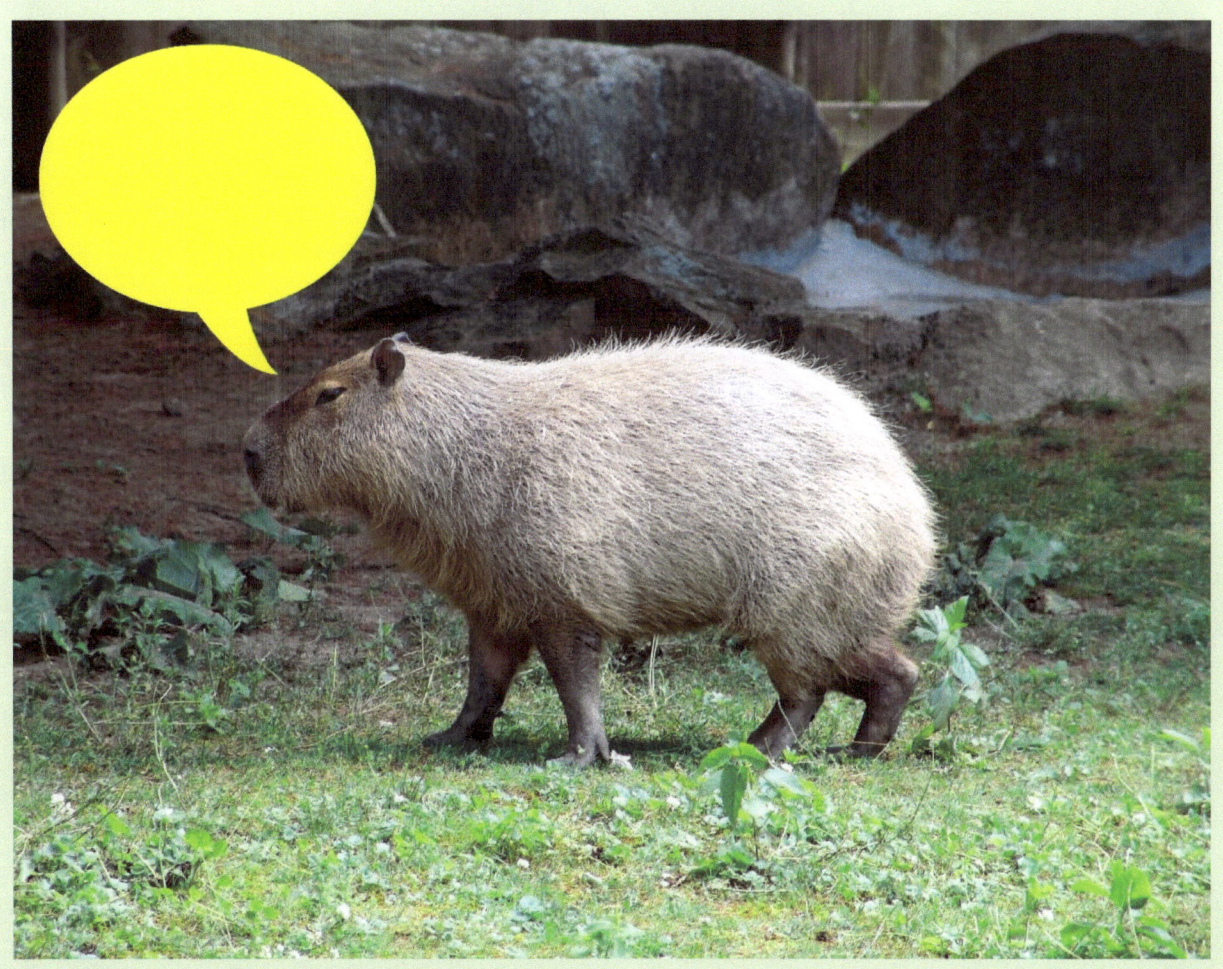

水豚 | Carpincho | カピバラ | Capybara | Capybara

Chinese | Spanish | Japanese | German | French

Cardinal

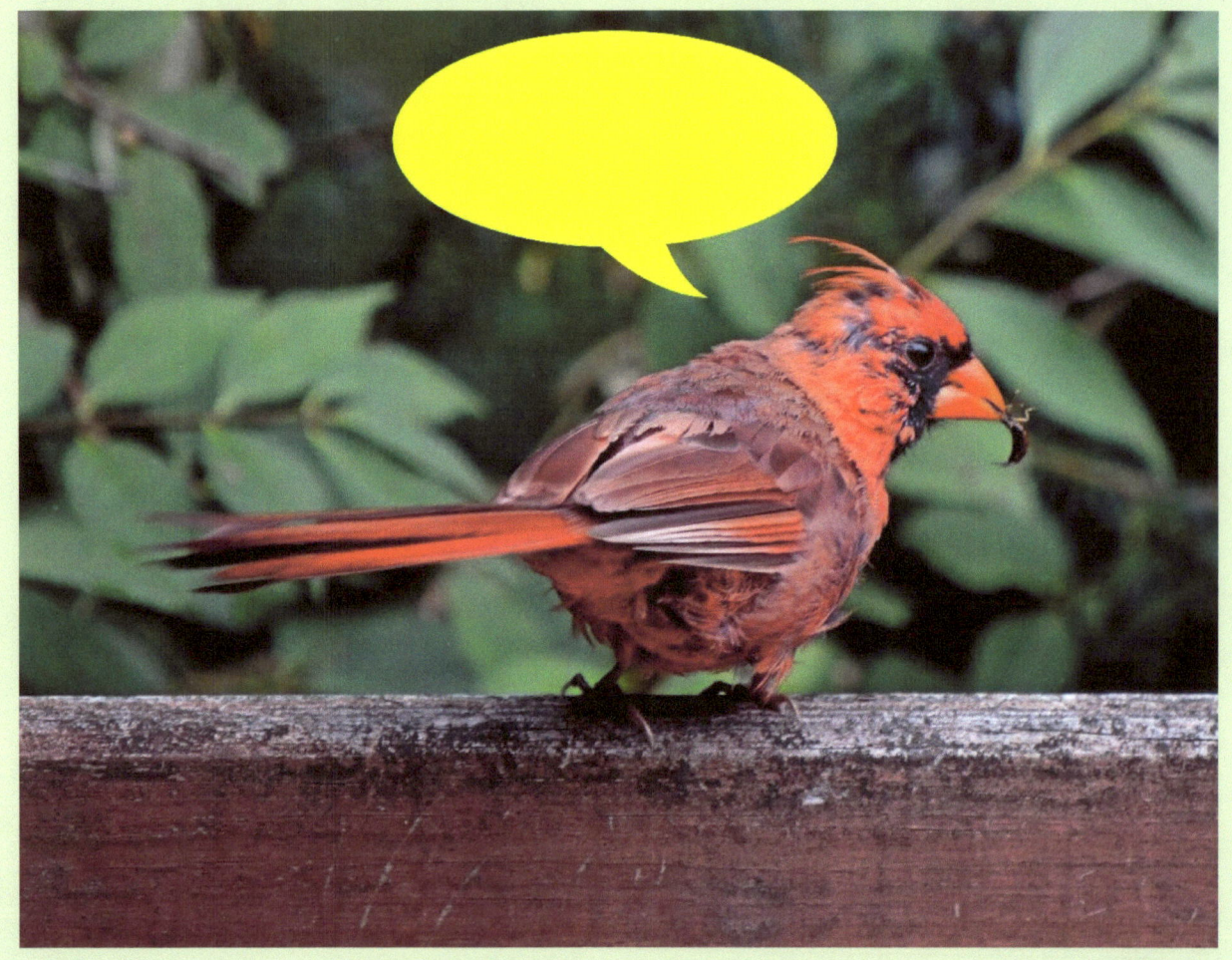

紅衣主教 | Pájaro Cardenal | 枢機の鳥 | Kardinal Vogel | Oiseau Cardinal

Chinese | Spanish | Japanese | German | French

Cat

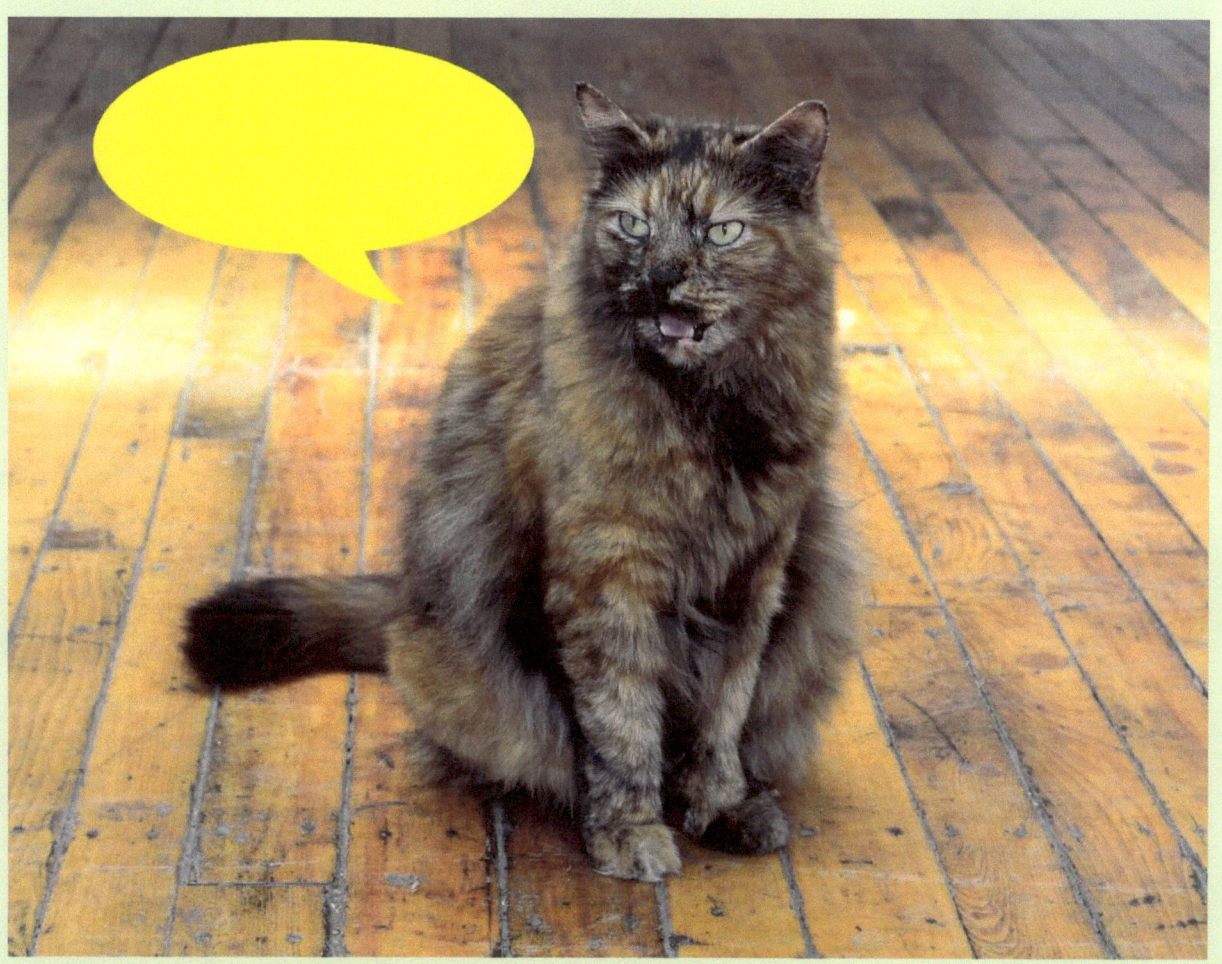

貓 | Gato | ネコ | Katze | Chat

Chinese | Spanish | Japanese | German | French

Chickadee

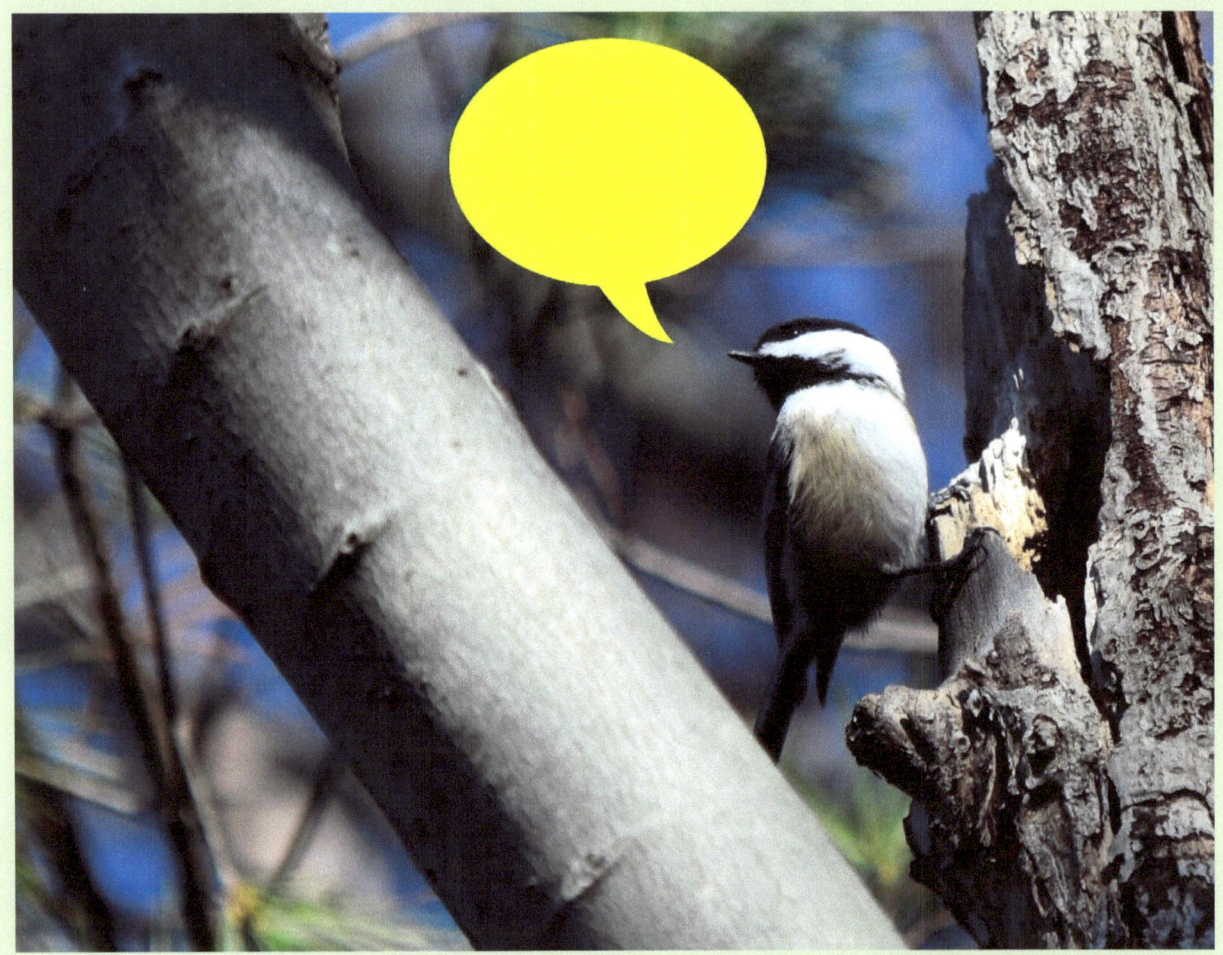

山雀 | Pájaro Carbonero | 四十雀 | Meise Vogel | Mésange

Chinese | Spanish | Japanese | German | French

Chipmunk

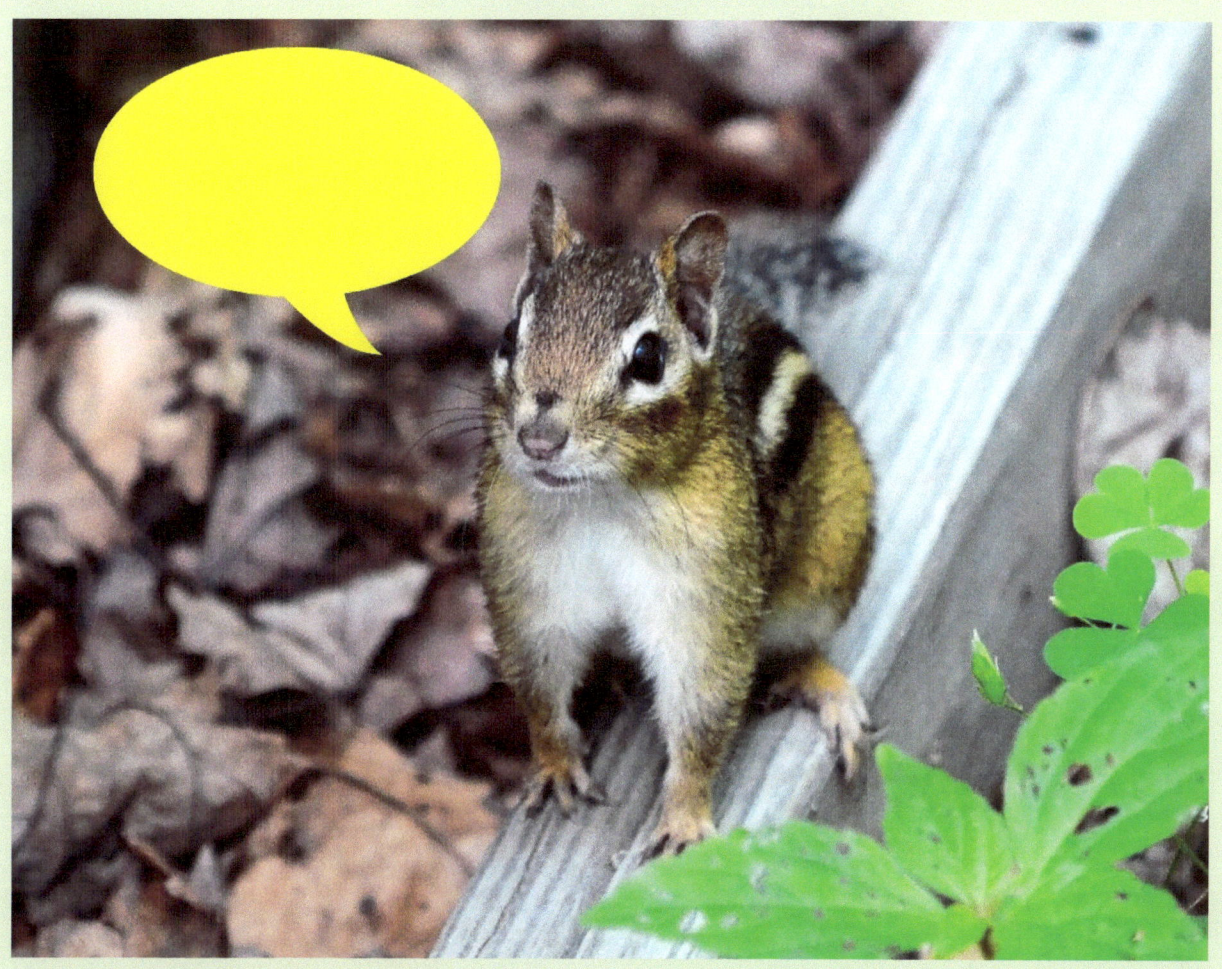

花栗鼠 | Ardilla | シマリス | Streifenhörnchen | Tamia

Chinese | Spanish | Japanese | German | French

Clownfish

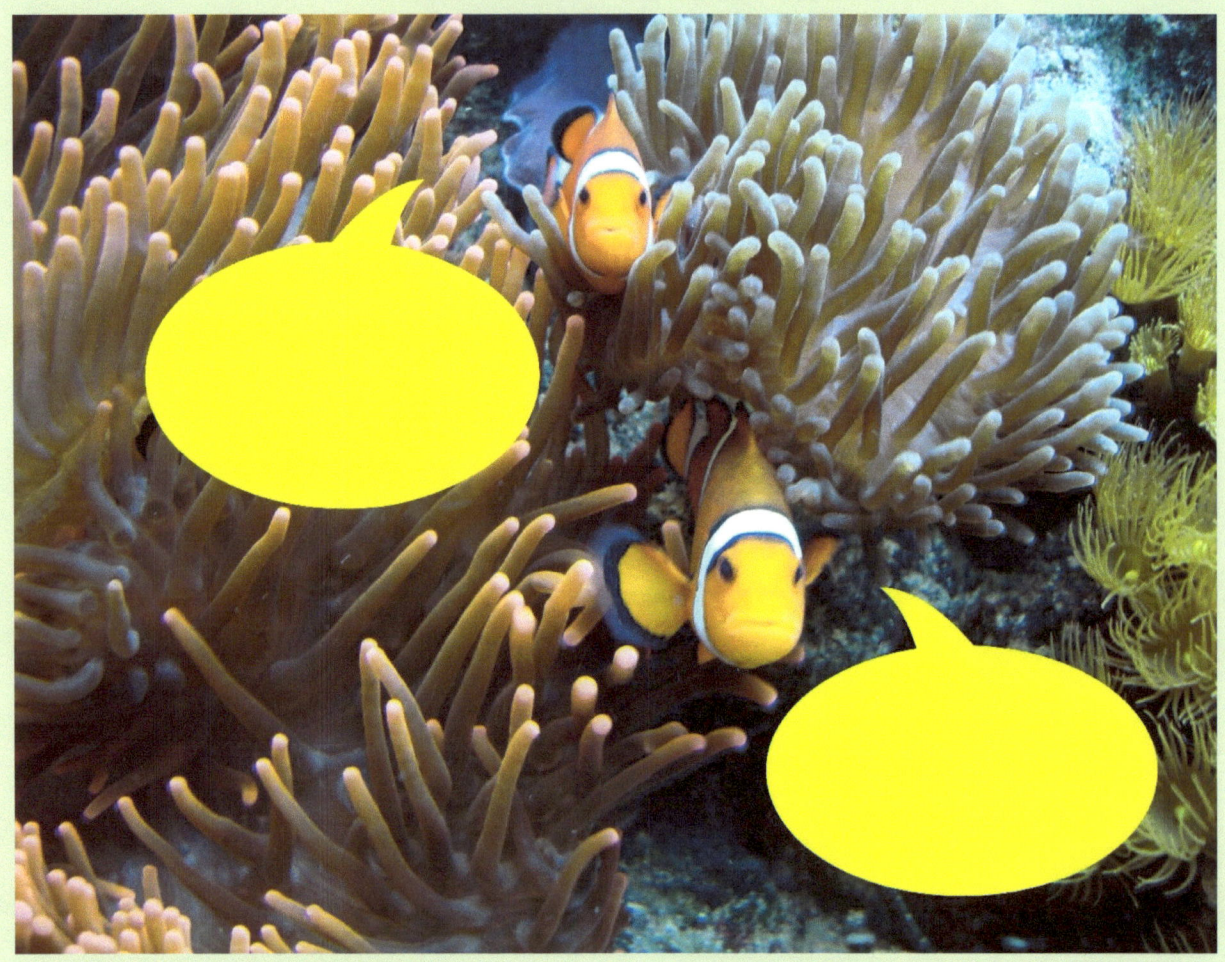

小丑魚 | Pez Payaso | クマノミ | Anemonenfisch | Poisson Clown

Chinese | Spanish | Japanese | German | French

Cormorant

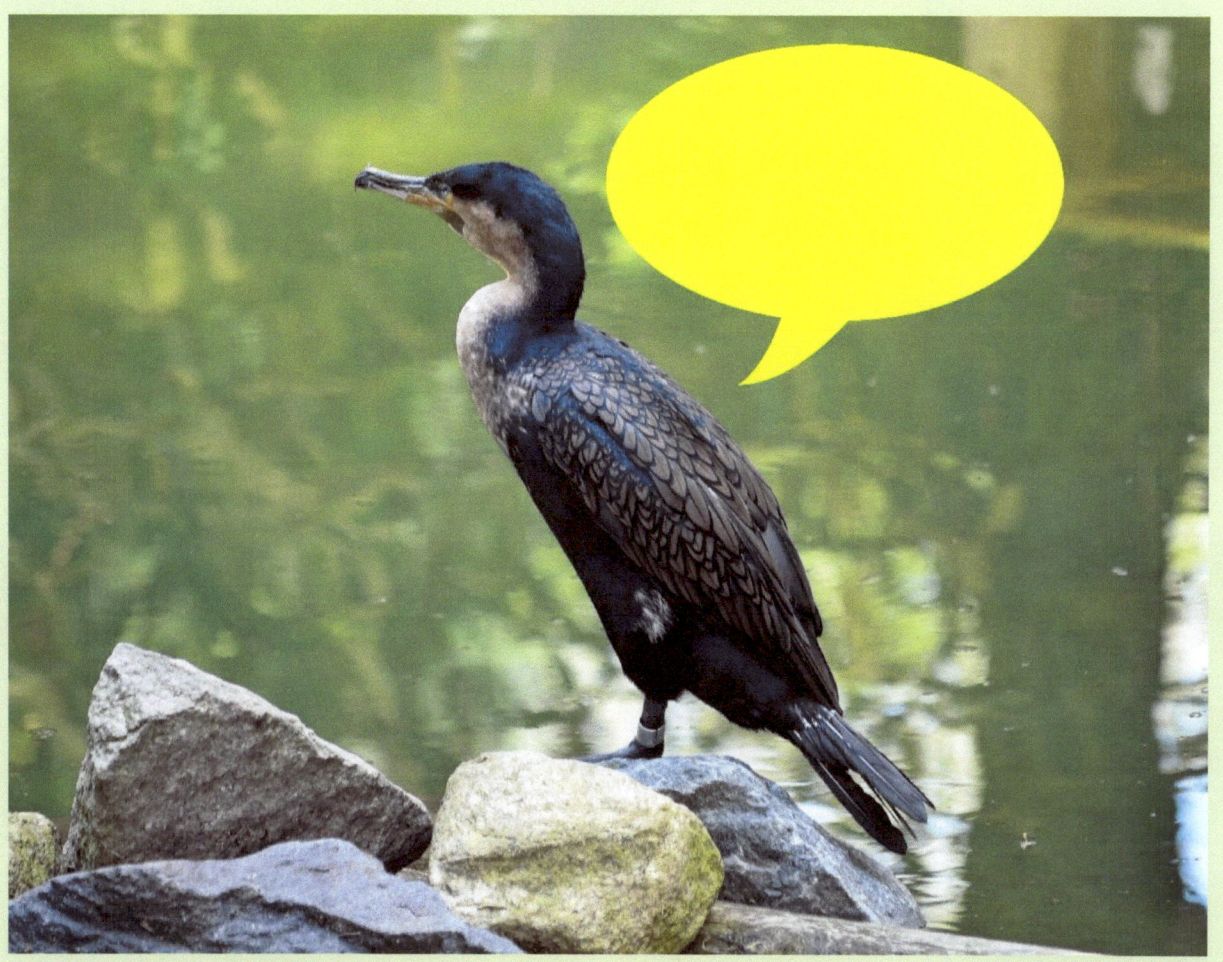

鸕鶿 | Cormorán | 鵜 | Kormoran | Cormoran

Chinese | Spanish | Japanese | German | French

Cow

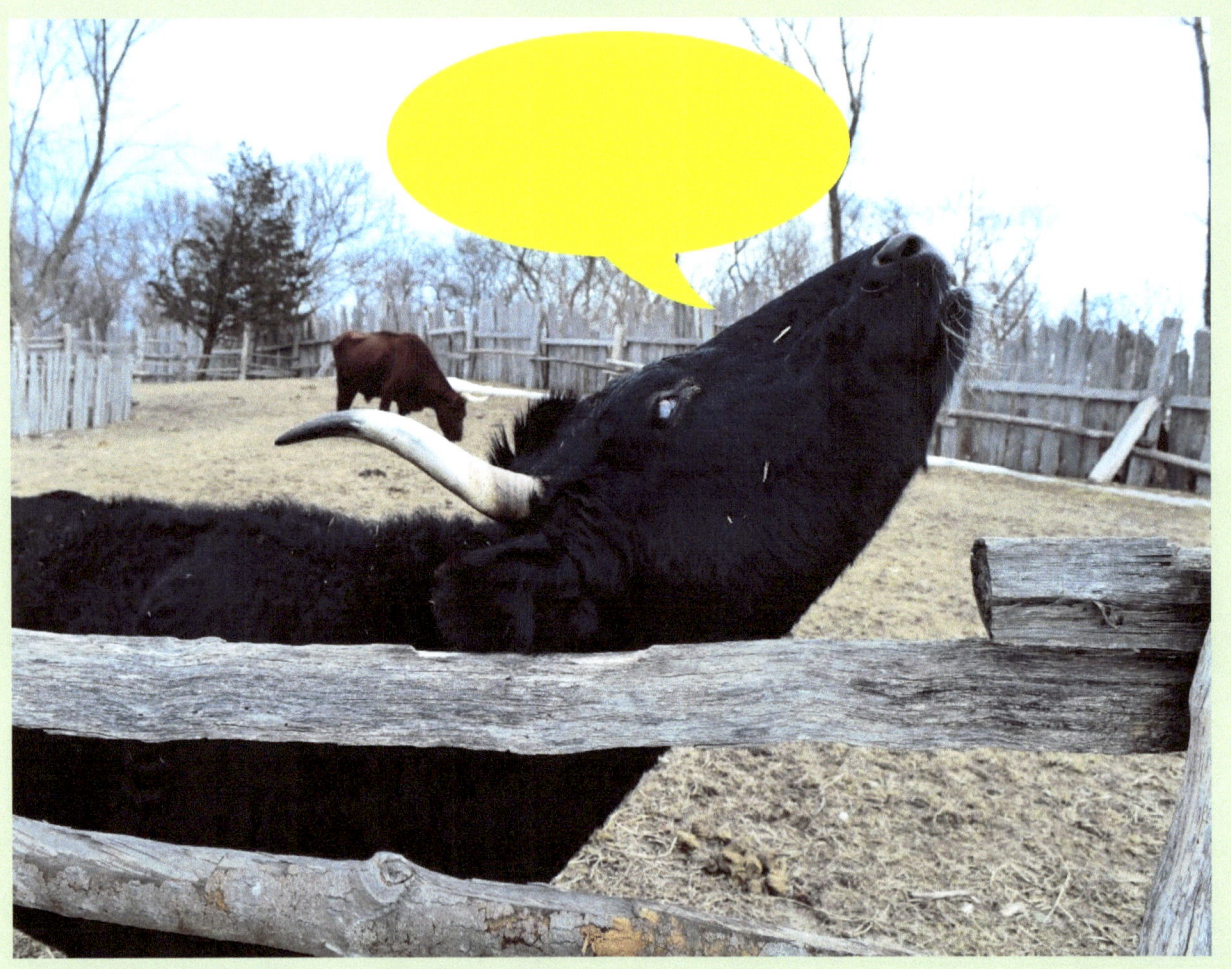

牛 | Vaca | 牛 | Kuh | Vache

Chinese | Spanish | Japanese | German | French

Crane

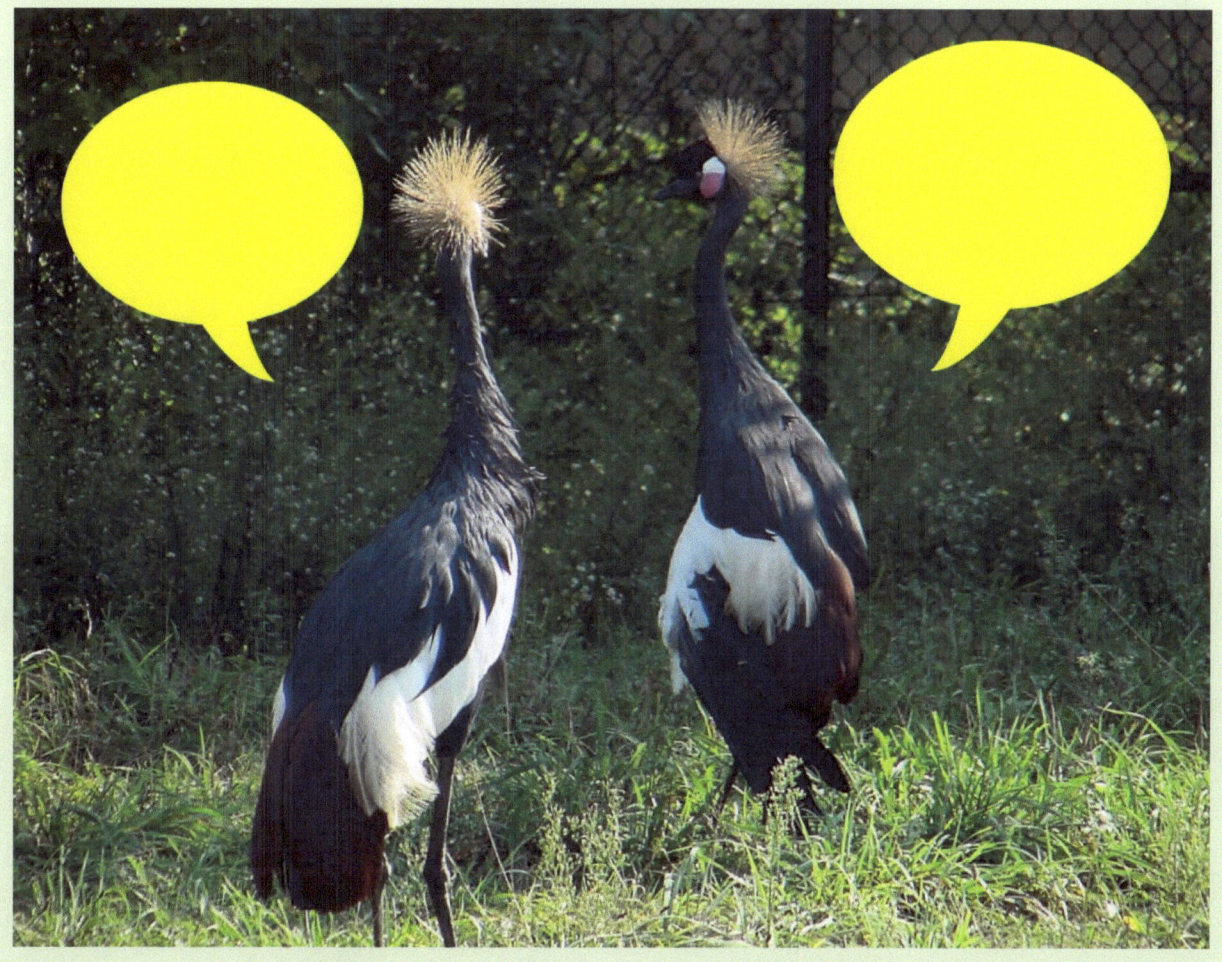

鶴 | Grúa | クレーン | Kran | Grue

Chinese | Spanish | Japanese | German | French

Crocodile

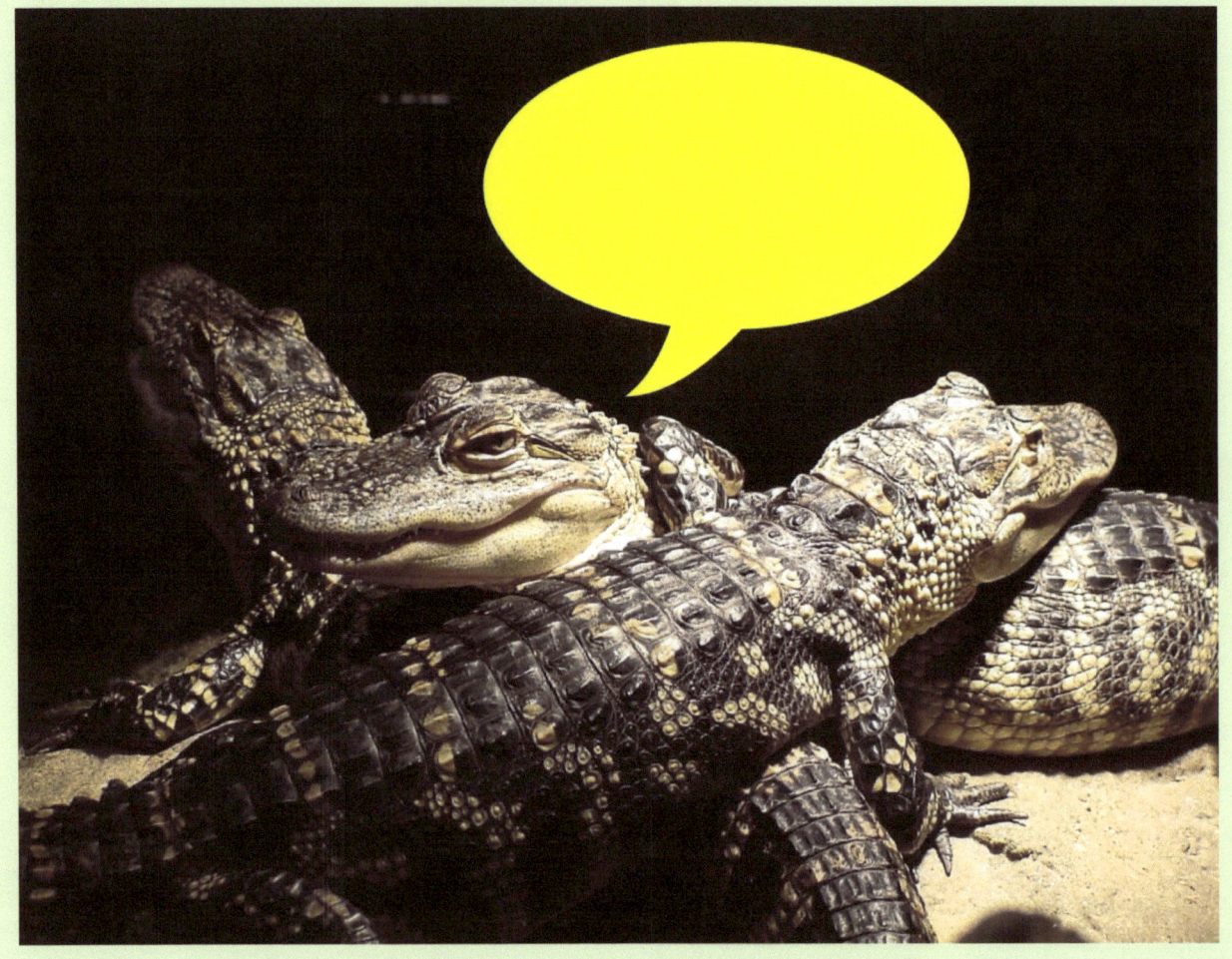

鱷魚 | Cocodrilo | ワニ | Krokodil | Crocodile

Chinese | Spanish | Japanese | German | French

Dog

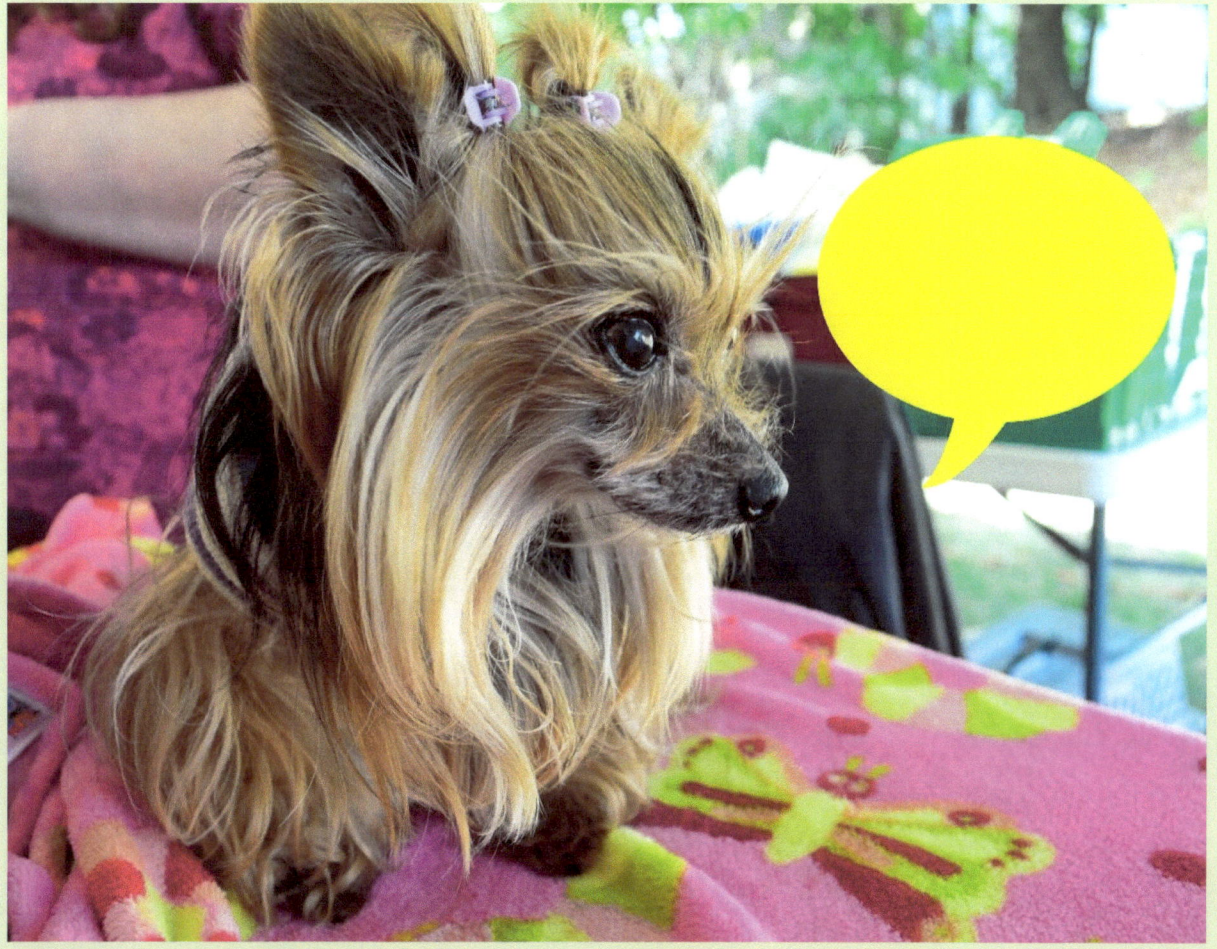

狗 | Perro | 犬 | Hund | Chien

Chinese | Spanish | Japanese | German | French

Dolphin

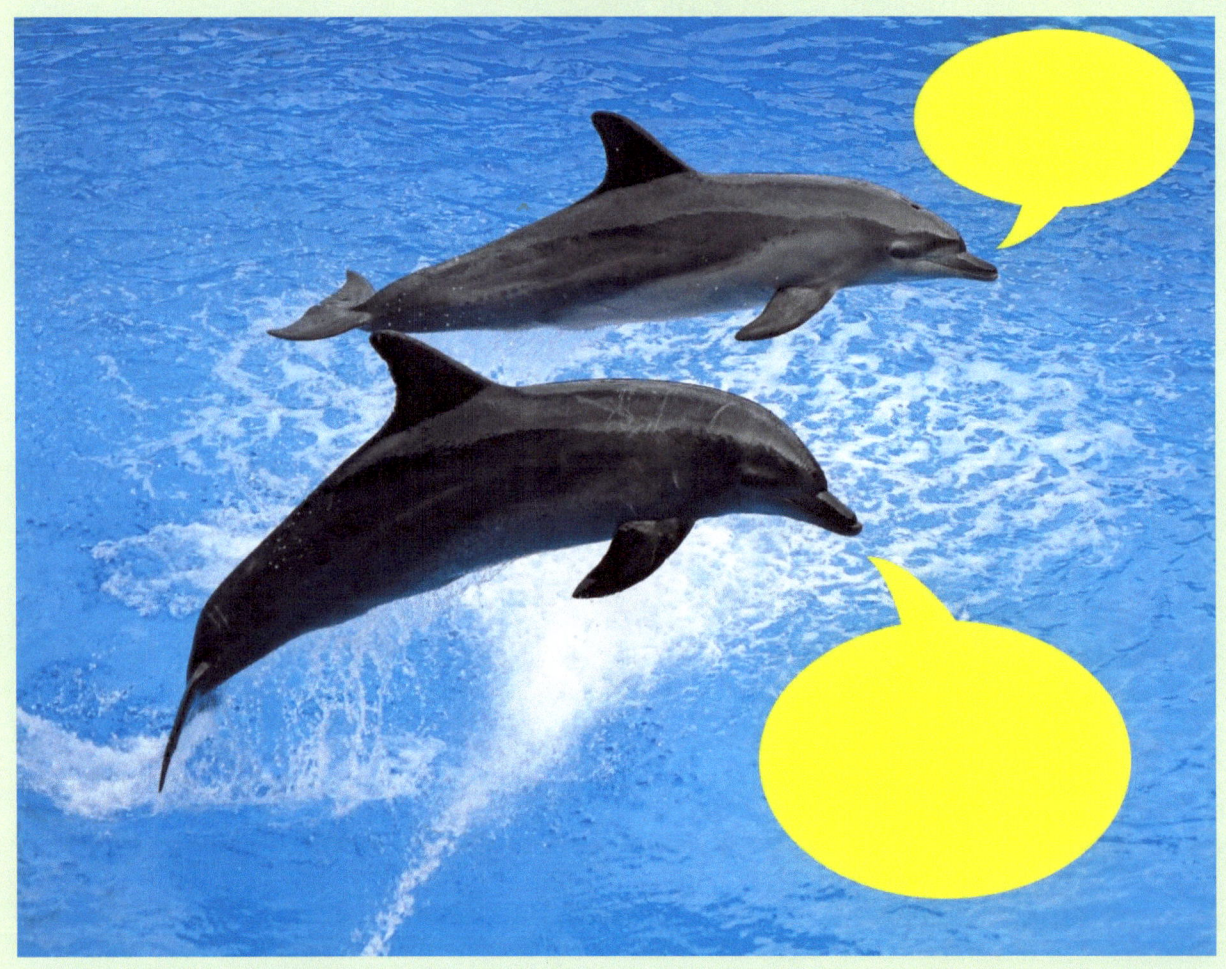

海豚 | Delfín | イルカ | Delfin | Dauphin

Chinese | Spanish | Japanese | German | French

Elephant

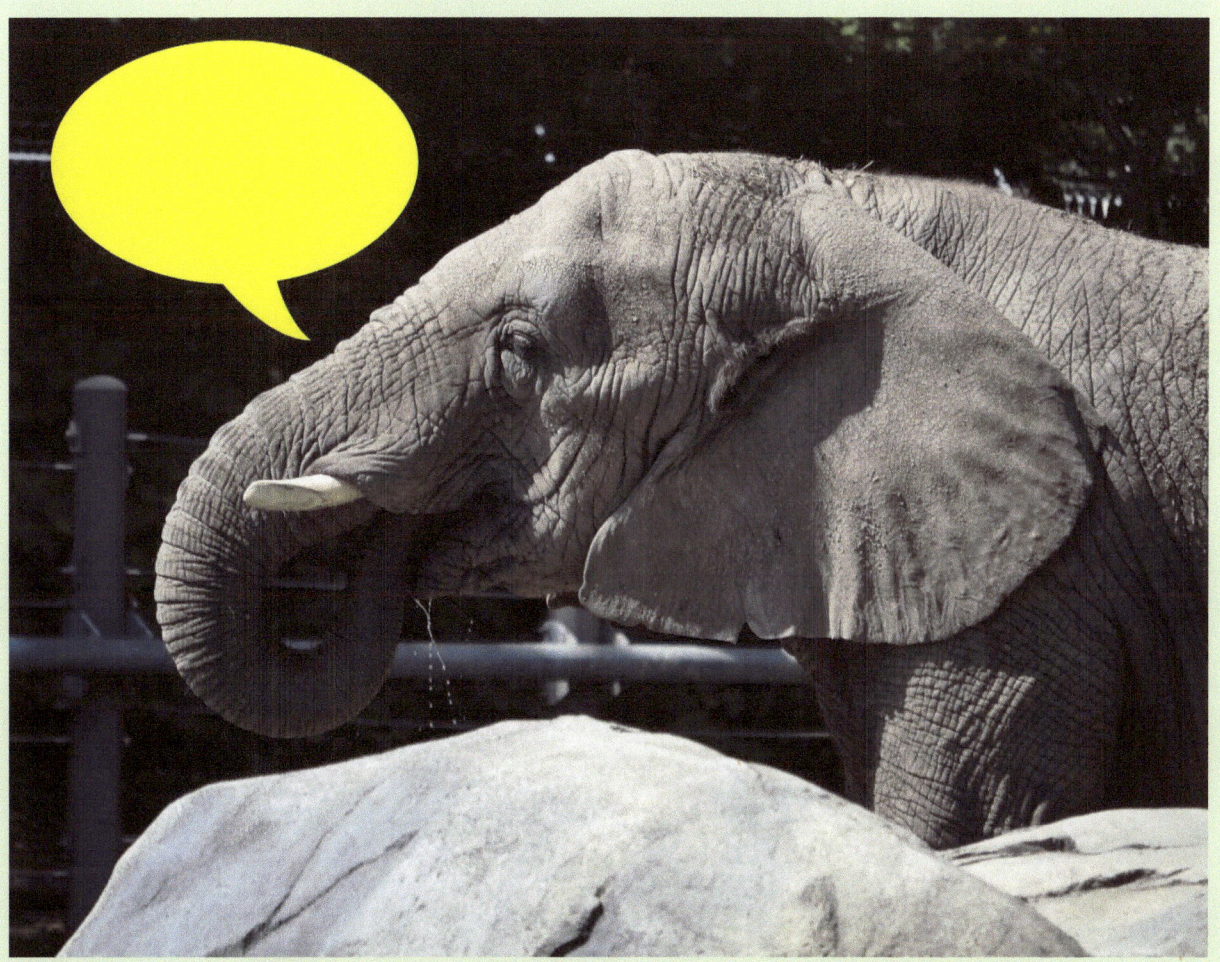

象 | Elefante | 象 | Elefant | L'éléphant

Chinese | Spanish | Japanese | German | French

Falcon

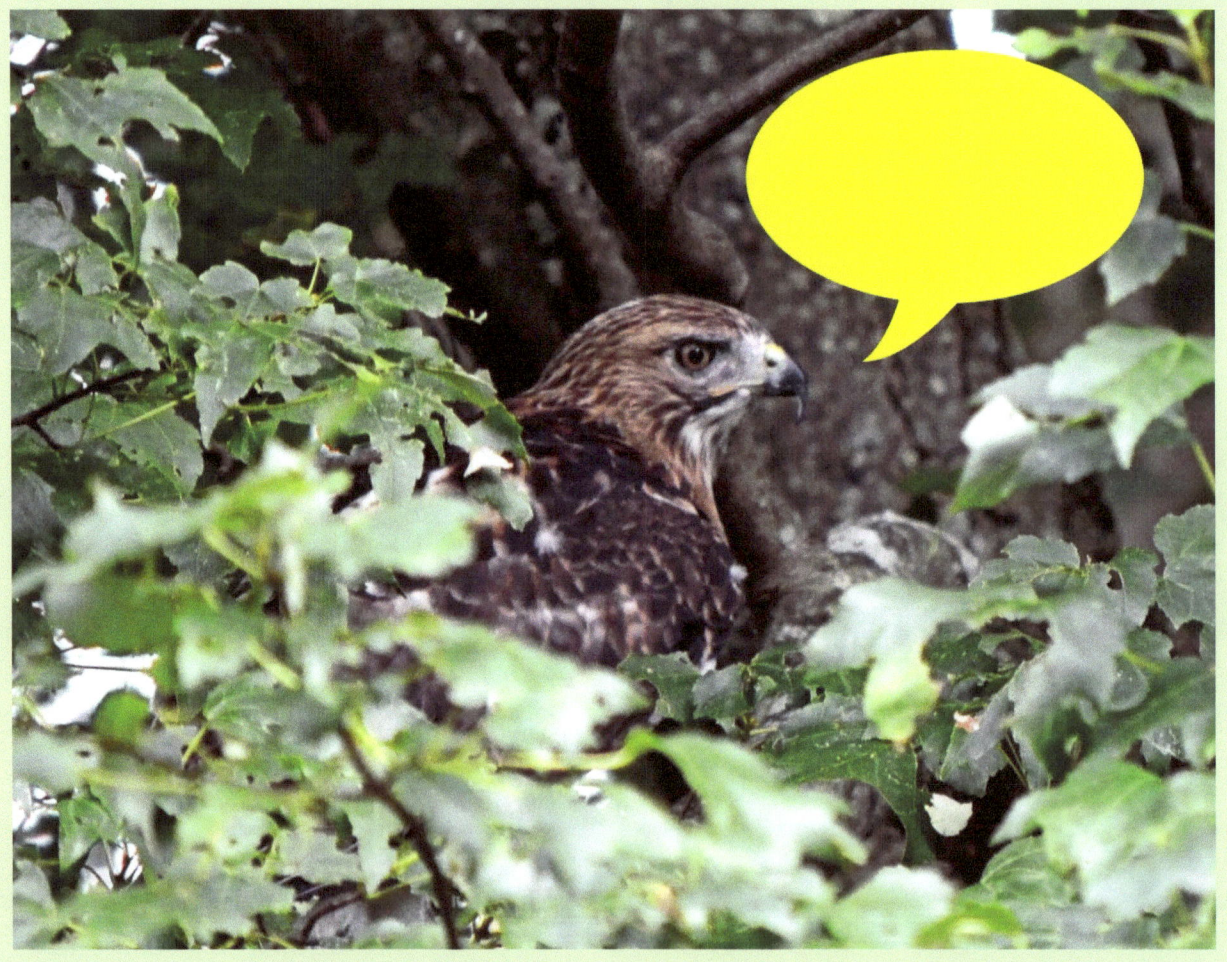

鷹 | Halcón | ファルコン | Falke | Faucon

Chinese | Spanish | Japanese | German | French

Flamingo

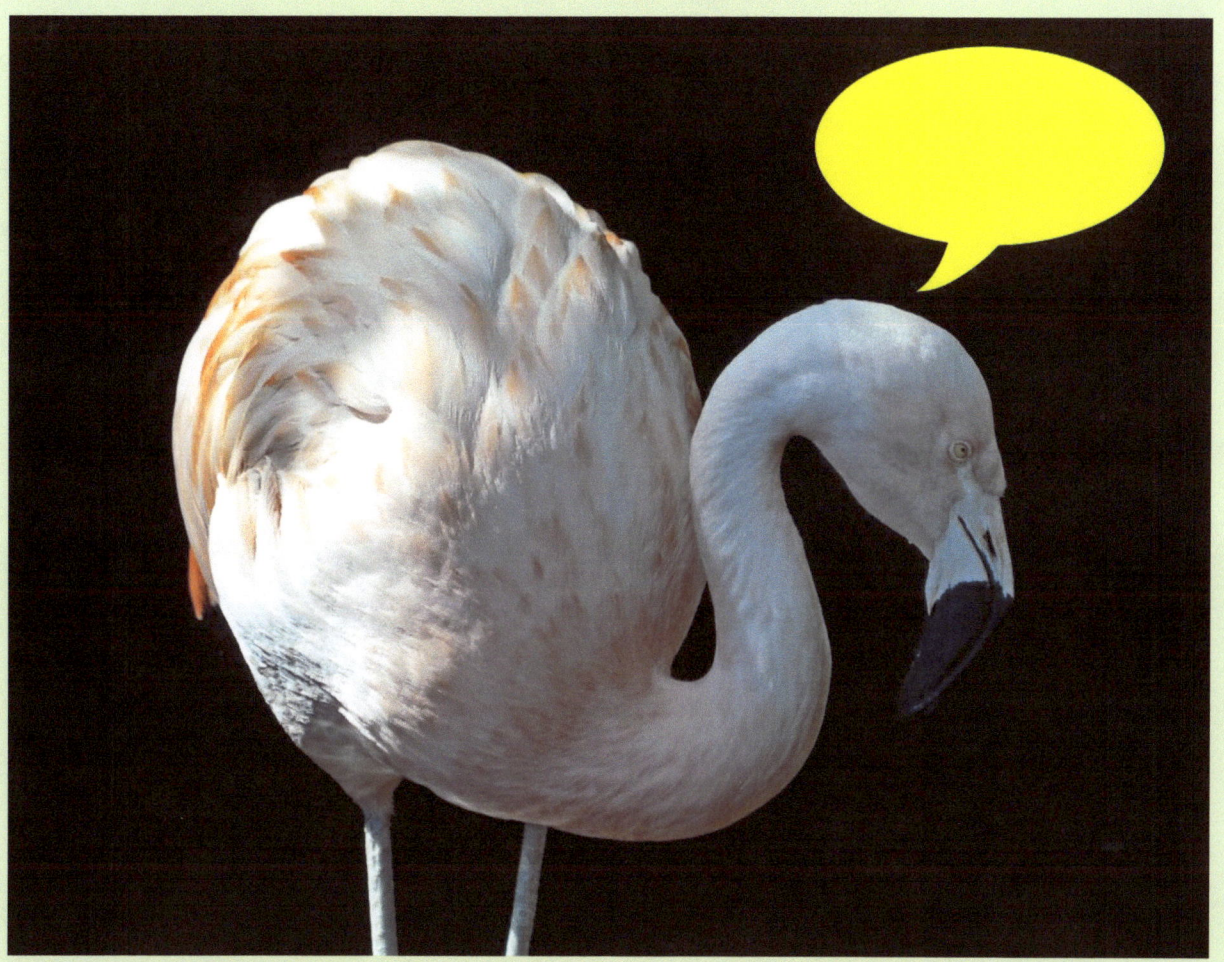

火烈鸟 | Flamenco | フラミンゴ | Flamingo | Flamant

Chinese | Spanish | Japanese | German | French

Frog

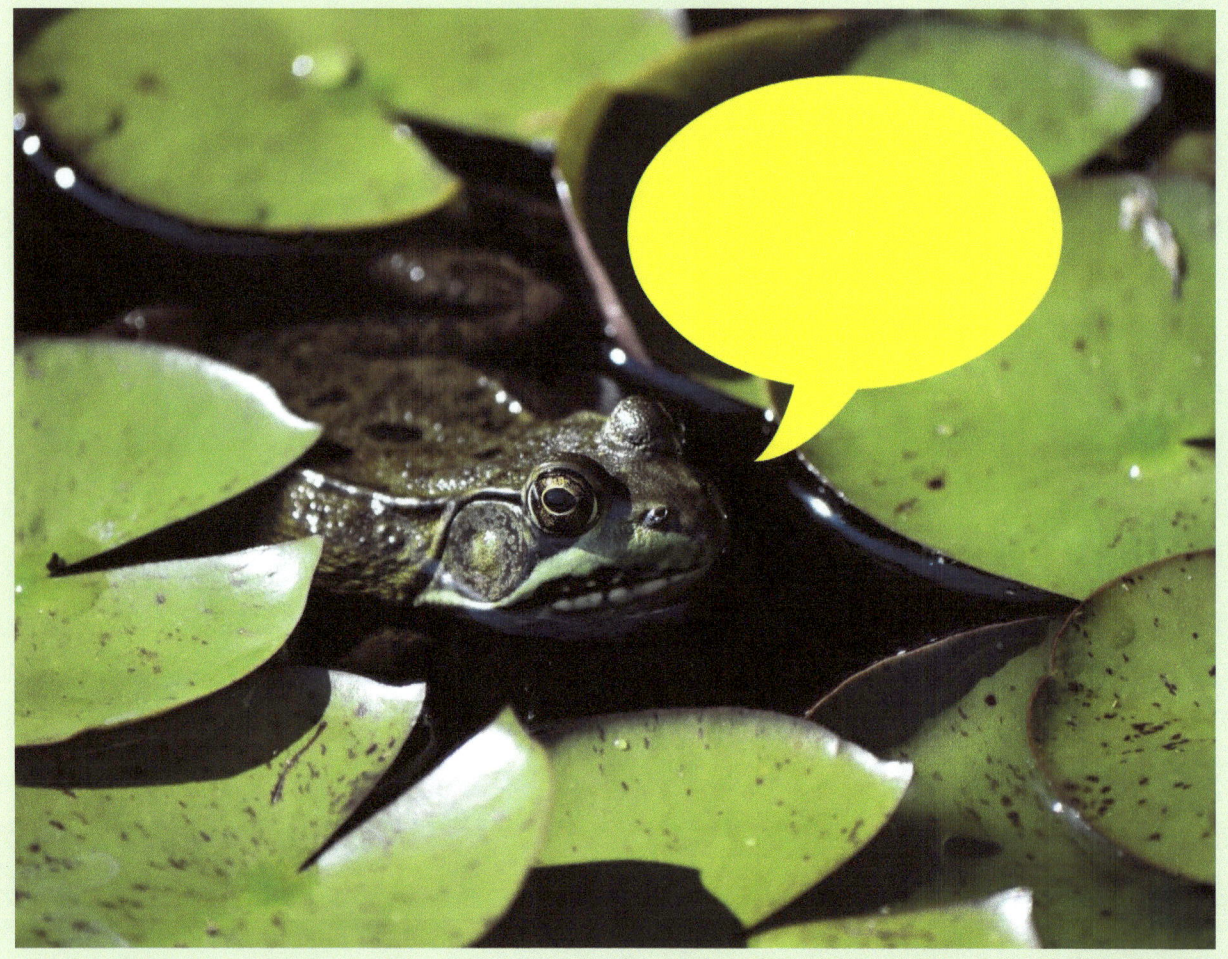

青蛙 | Rana | カエル | Frosch | Grenouille

Chinese | Spanish | Japanese | German | French

Gecko

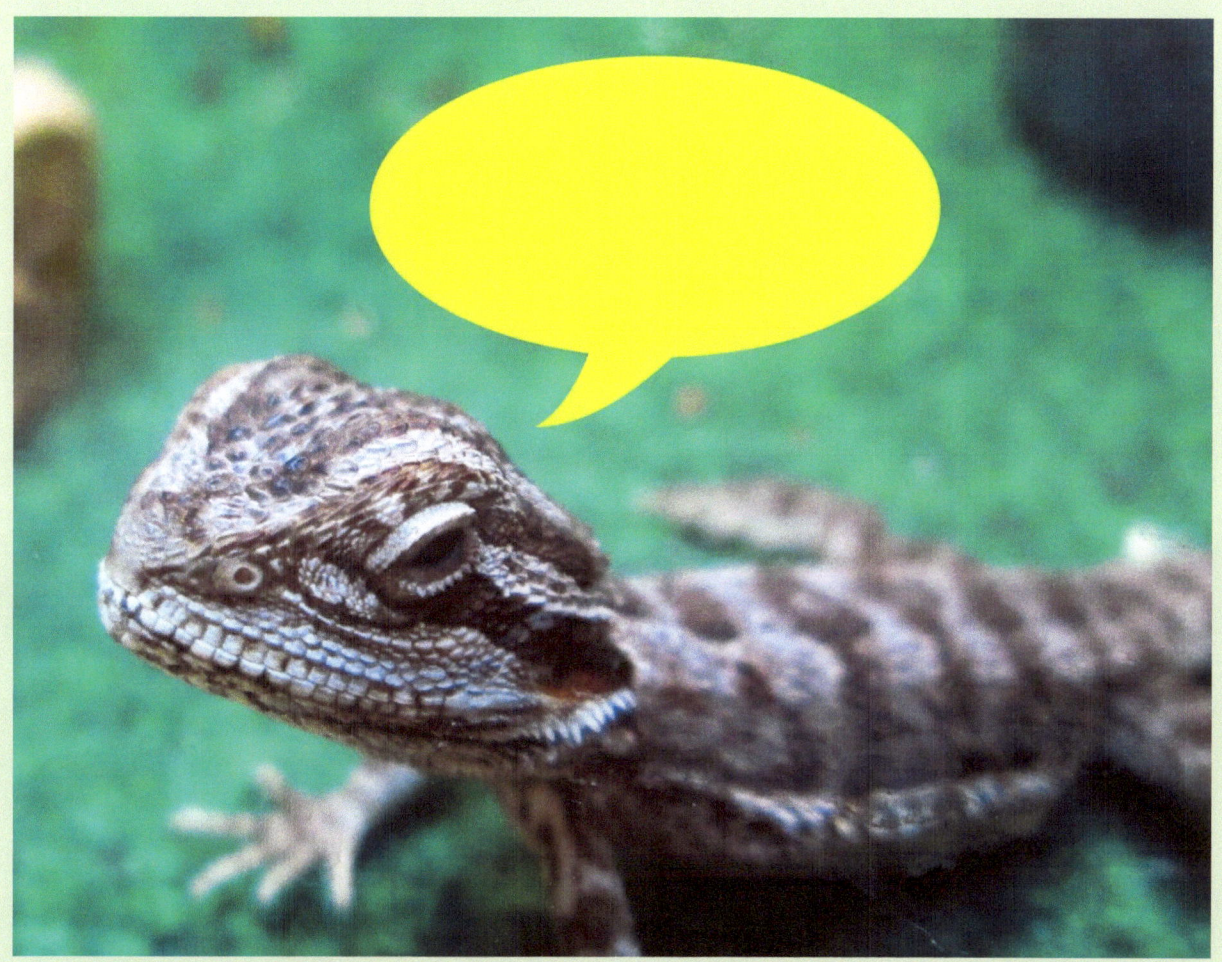

壁虎 | Geco | ヤモリ | Gecko | Gecko

Chinese | Spanish | Japanese | German | French

Giraffe

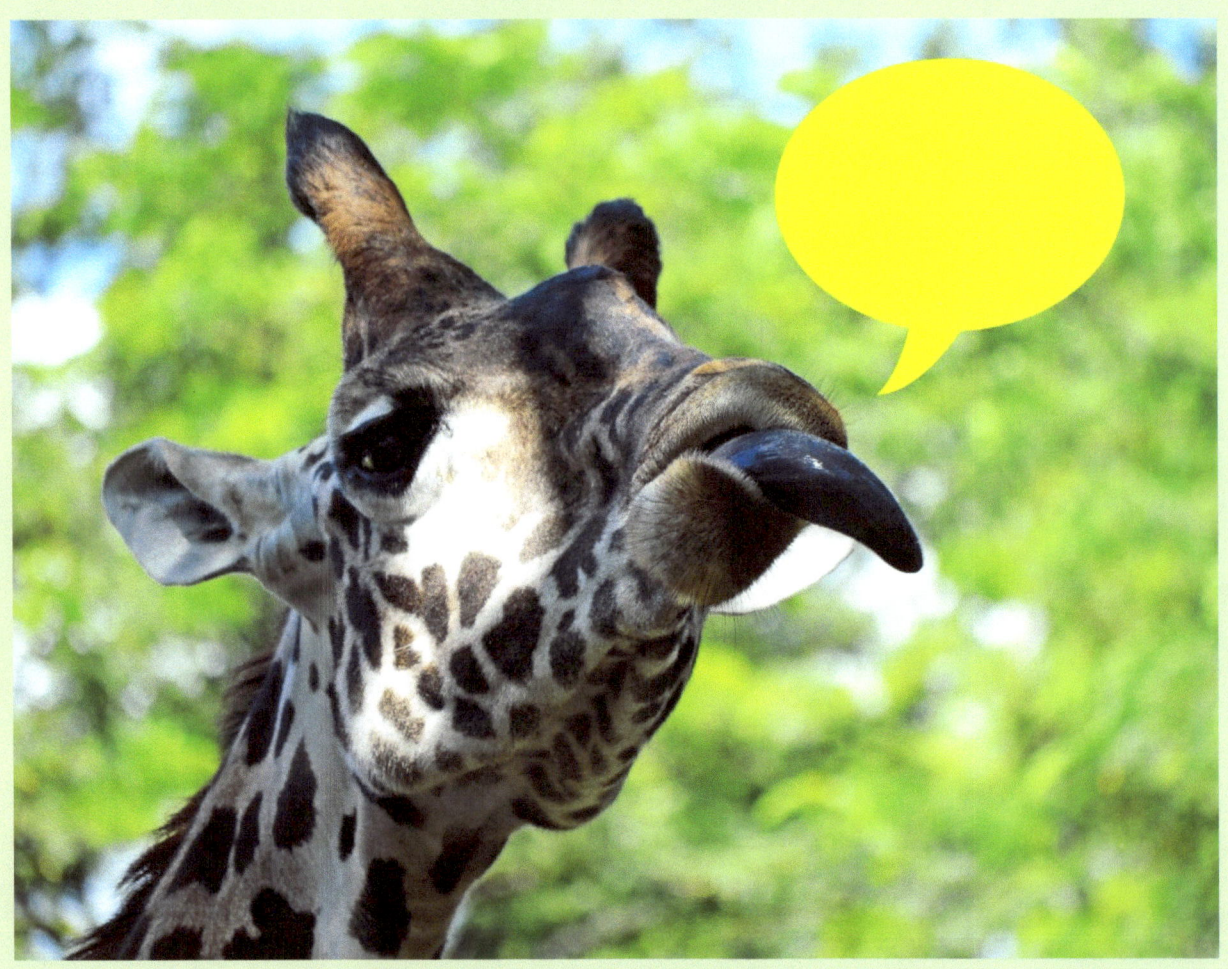

長頸鹿 | Jirafa | キリン | Giraffe | Girafe

Chinese | Spanish | Japanese | German | French

Goat

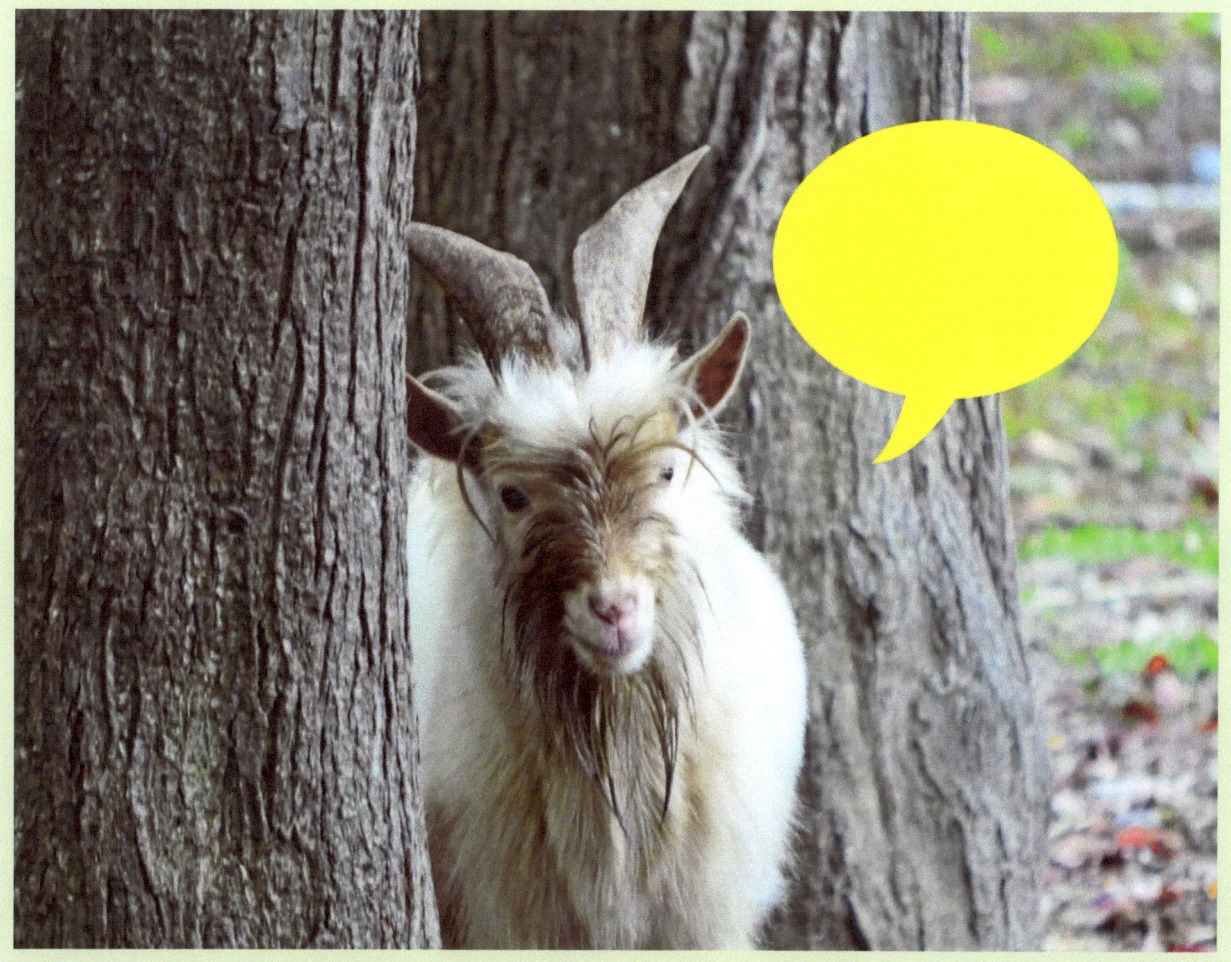

山羊 | Cabra | ヤギ | Ziege | Chèvre

Chinese | Spanish | Japanese | German | French

Goldfish

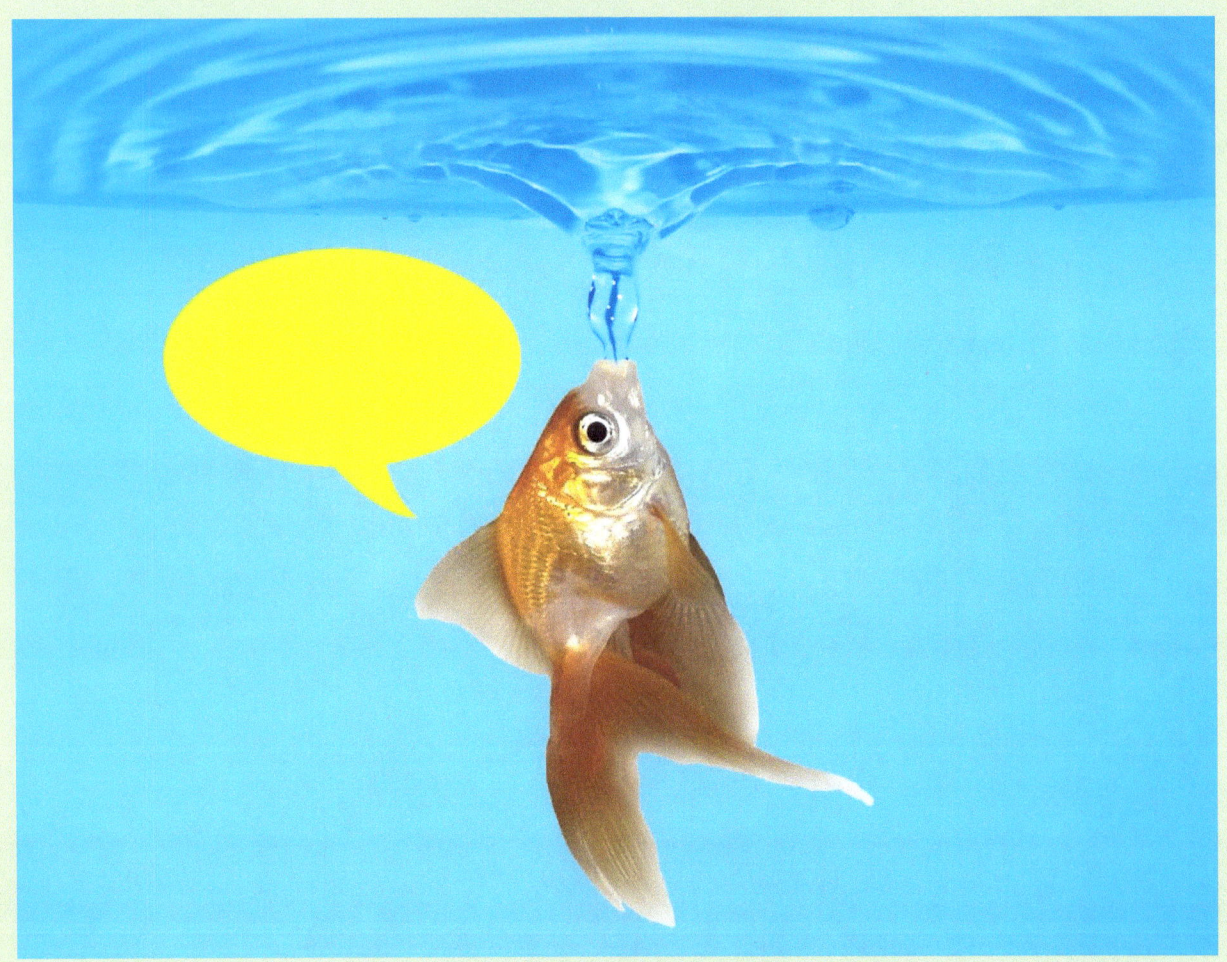

金魚 | Pez De Colores | きんぎょ | Goldfisch | Poisson Rouge

Chinese | Spanish | Japanese | German | French

Goose

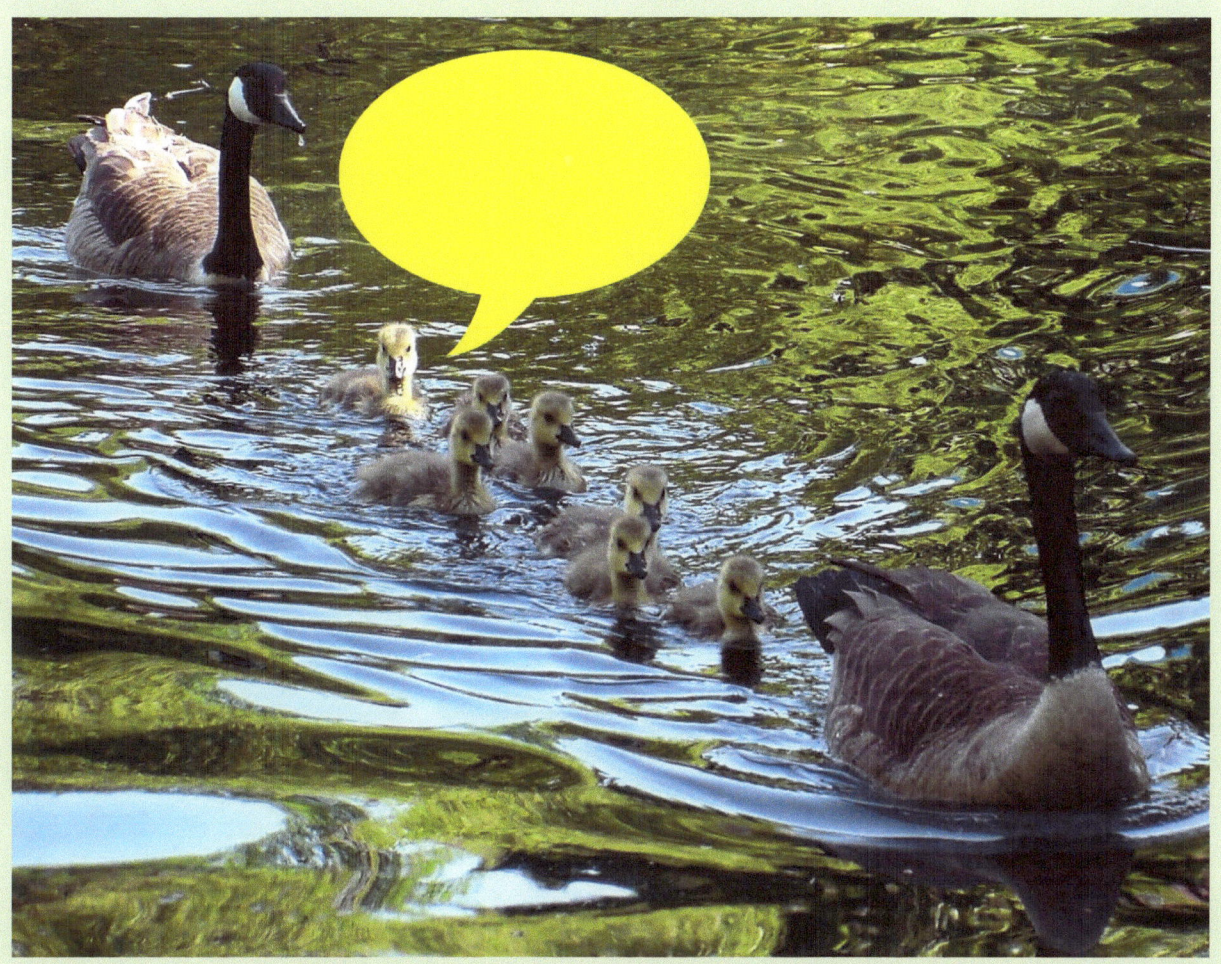

鵝 | Ganso | ガチョウ | Gänse | Oie

Chinese | Spanish | Japanese | German | French

Hen

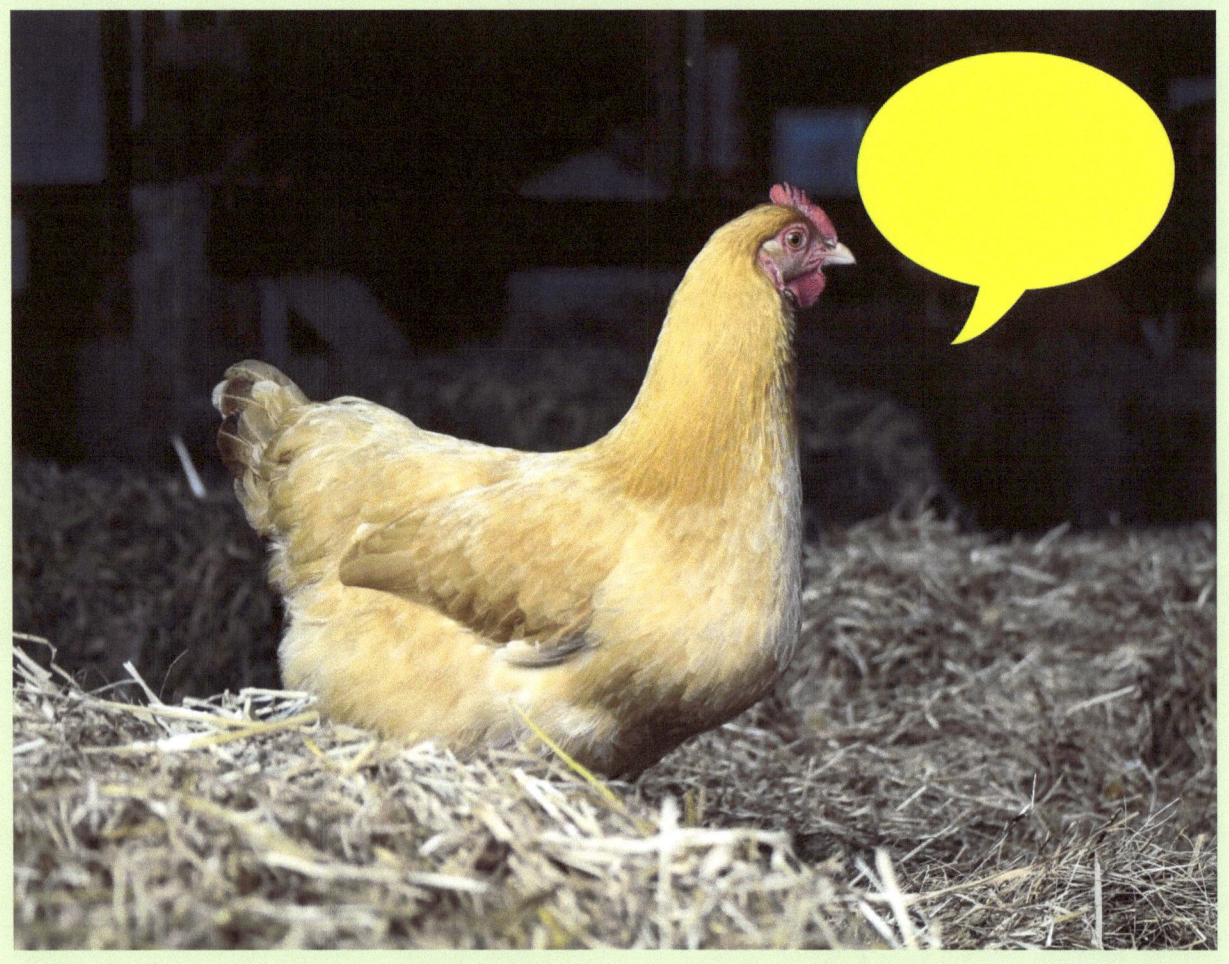

母雞 | Gallina | めんどり | Henne | Poule

Chinese | Spanish | Japanese | German | French

Heron

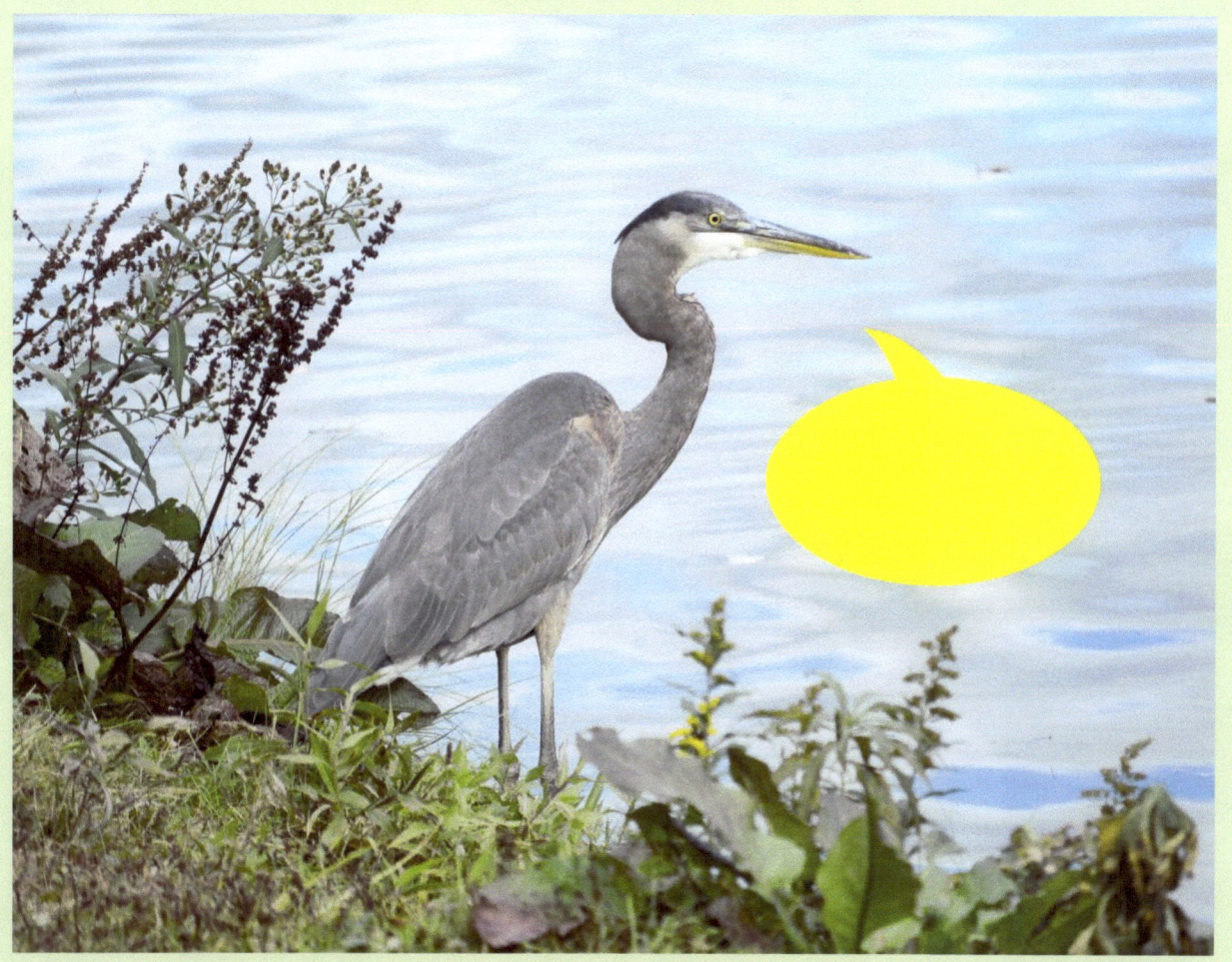

鷺 | Garza | ヘロン | Reiher | Héron

Chinese | Spanish | Japanese | German | French

Horse

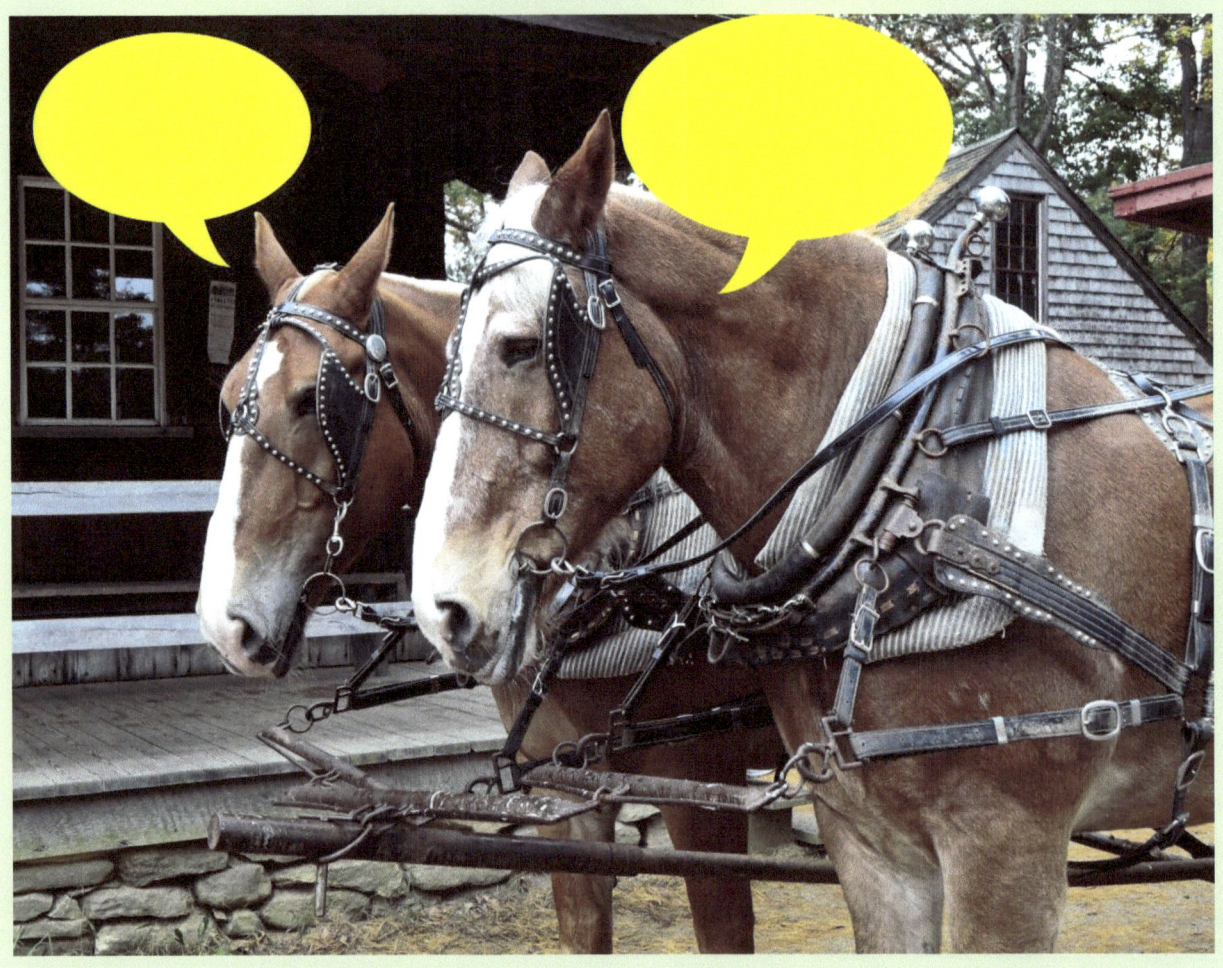

马 | Caballo | うま | Pferd | Cheval

Chinese | Spanish | Japanese | German | French

Kangaroo

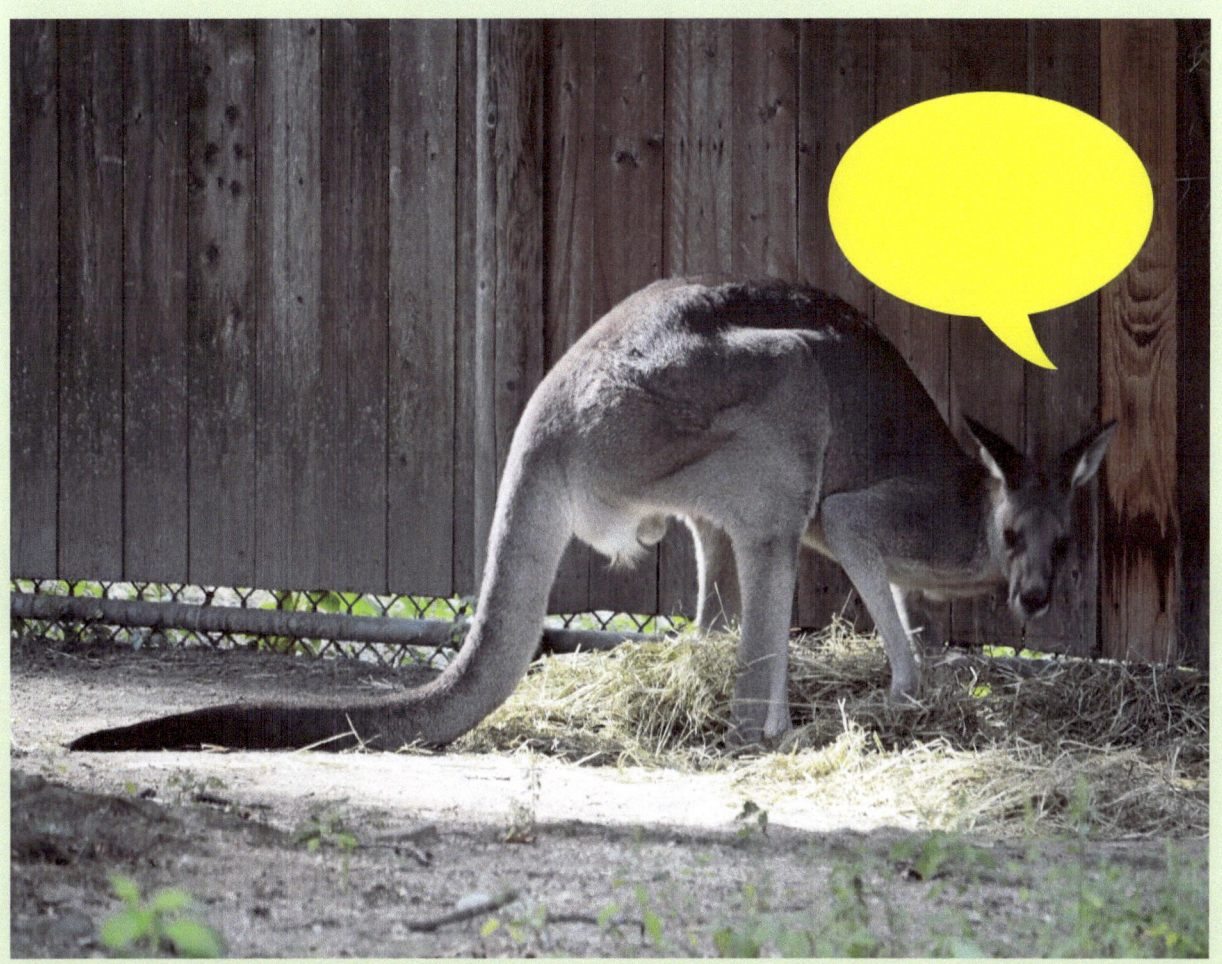

袋鼠 | Canguro | カンガルー | Känguru | Kangourou

Chinese | Spanish | Japanese | German | French

Koi

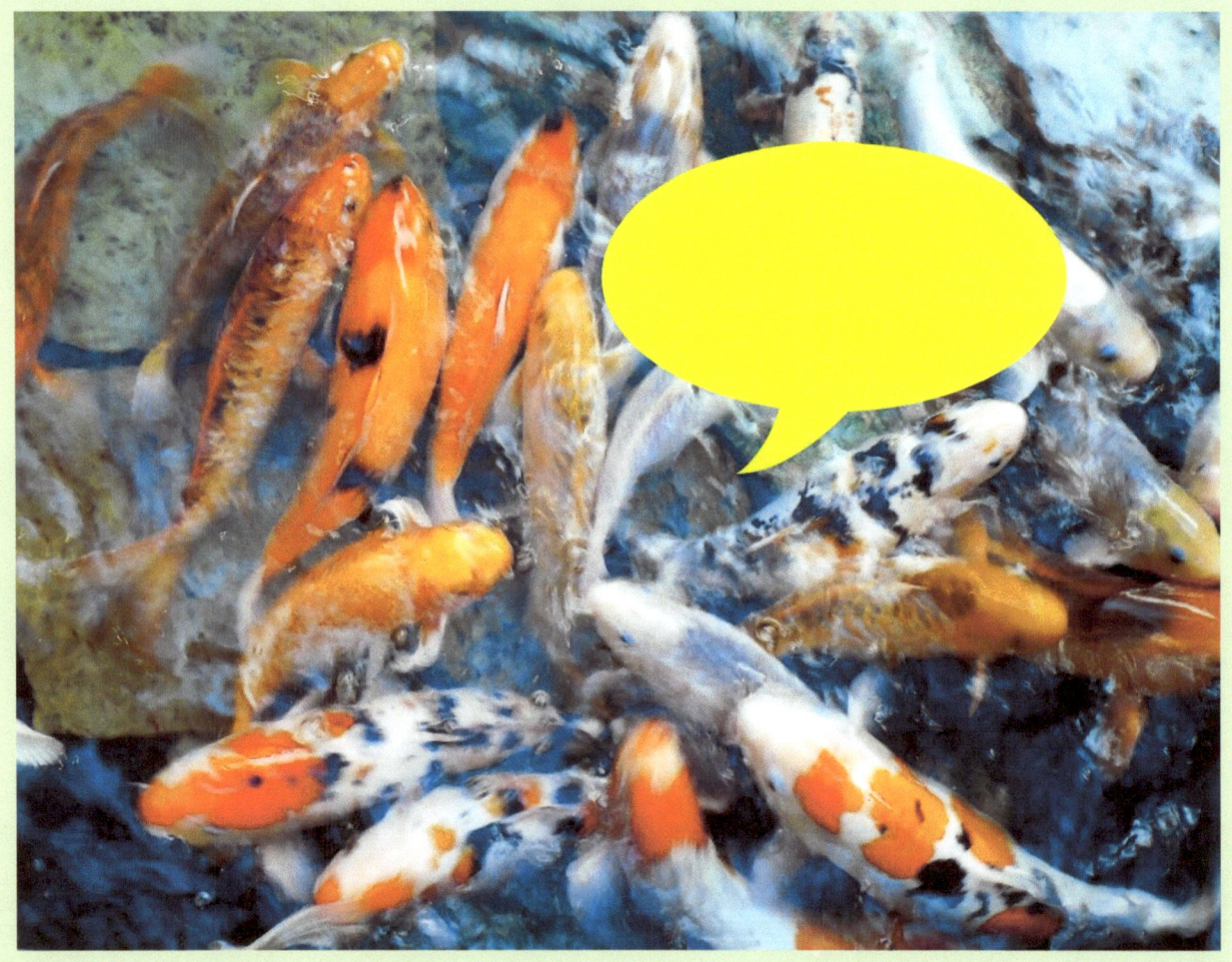

錦鯉 | Koi | コイ | Koi | Koi

Chinese | Spanish | Japanese | German | French

Mallard Duck

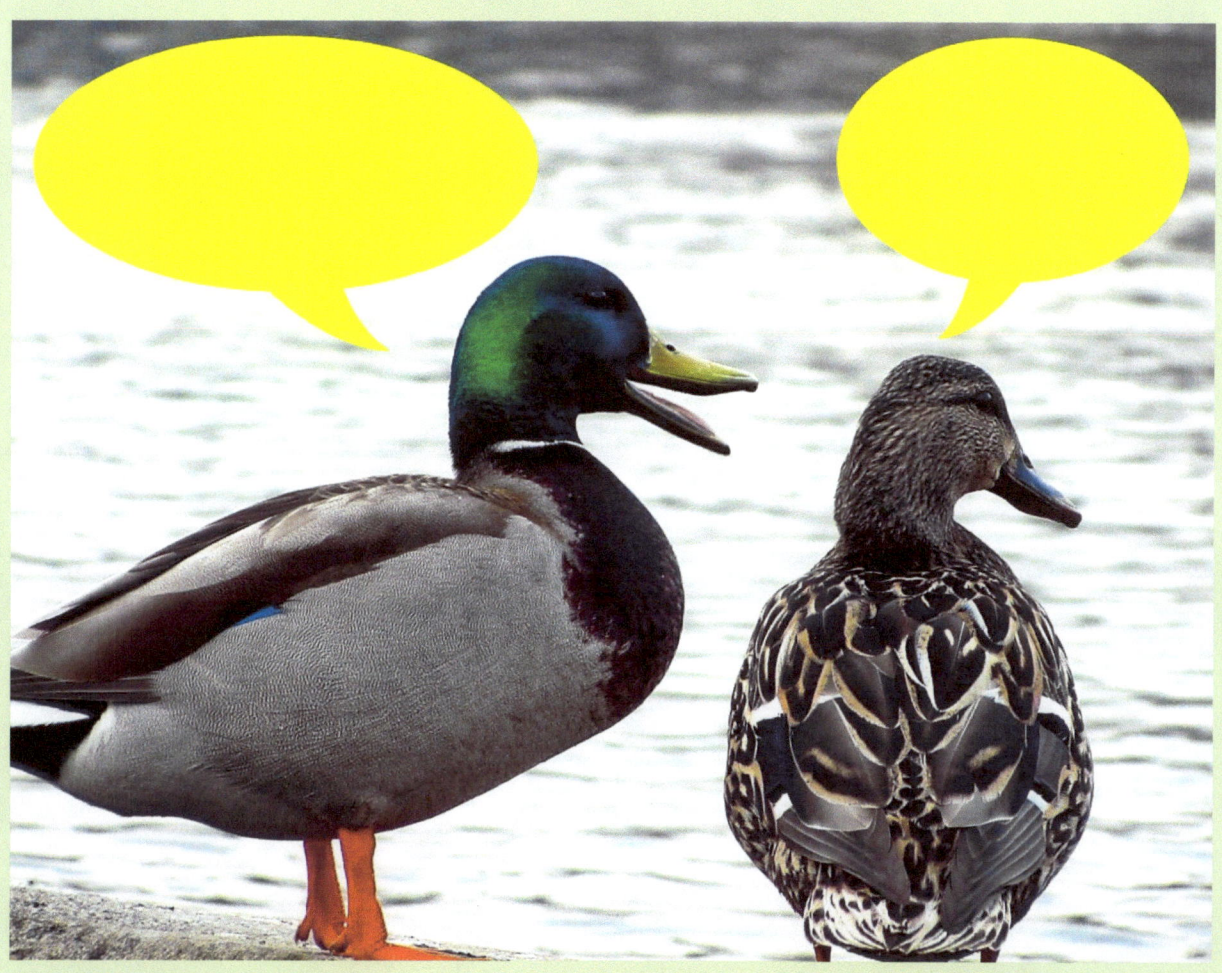

綠頭鴨 | Pato Mallard | マガモ | Stockente | Le Canard Colvert

Chinese | Spanish | Japanese | German | French

Merganser

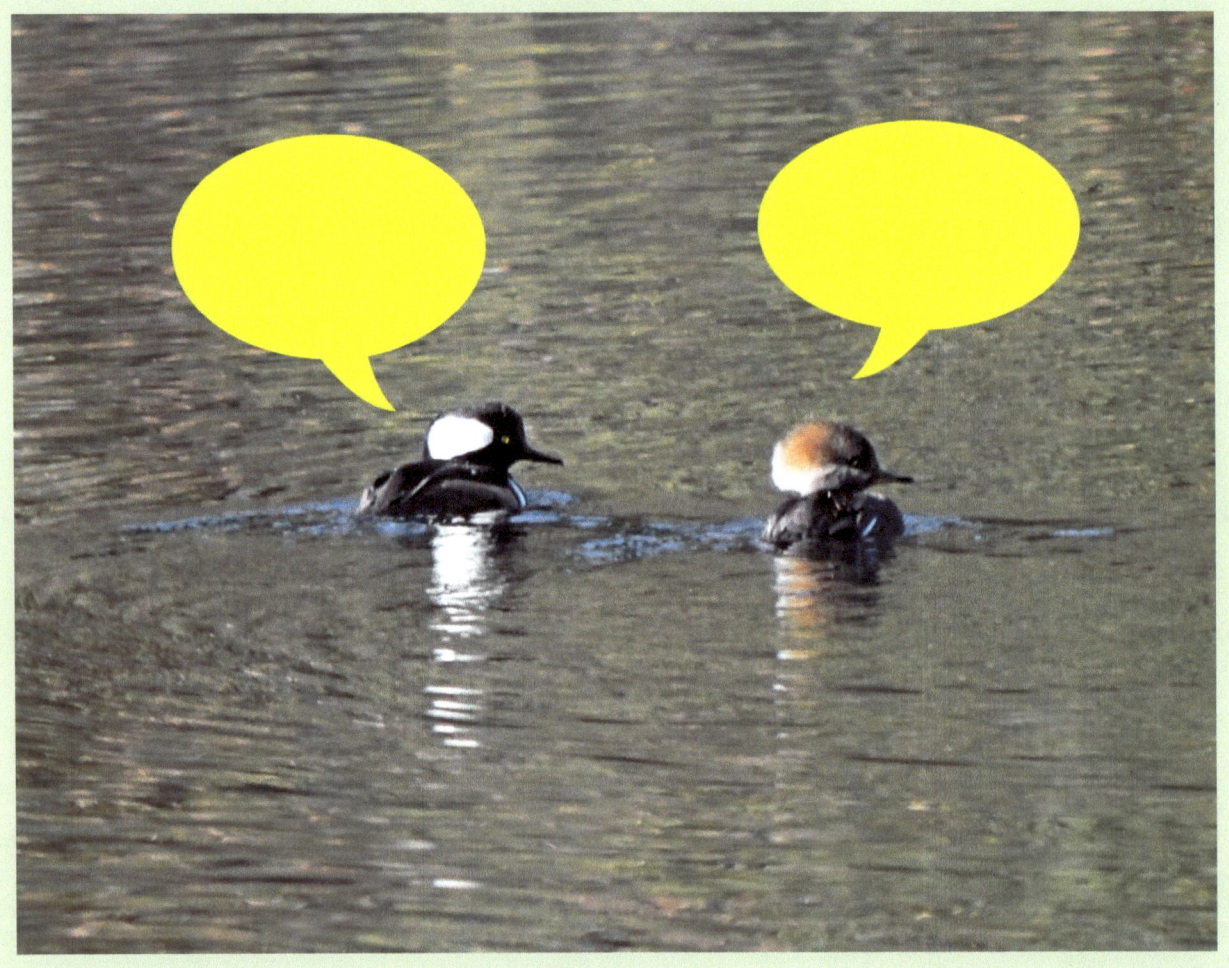

秋沙鴨 | Pollo de agua | メルガンサー | Merganser | Merganser

Chinese | Spanish | Japanese | German | French

Monkey

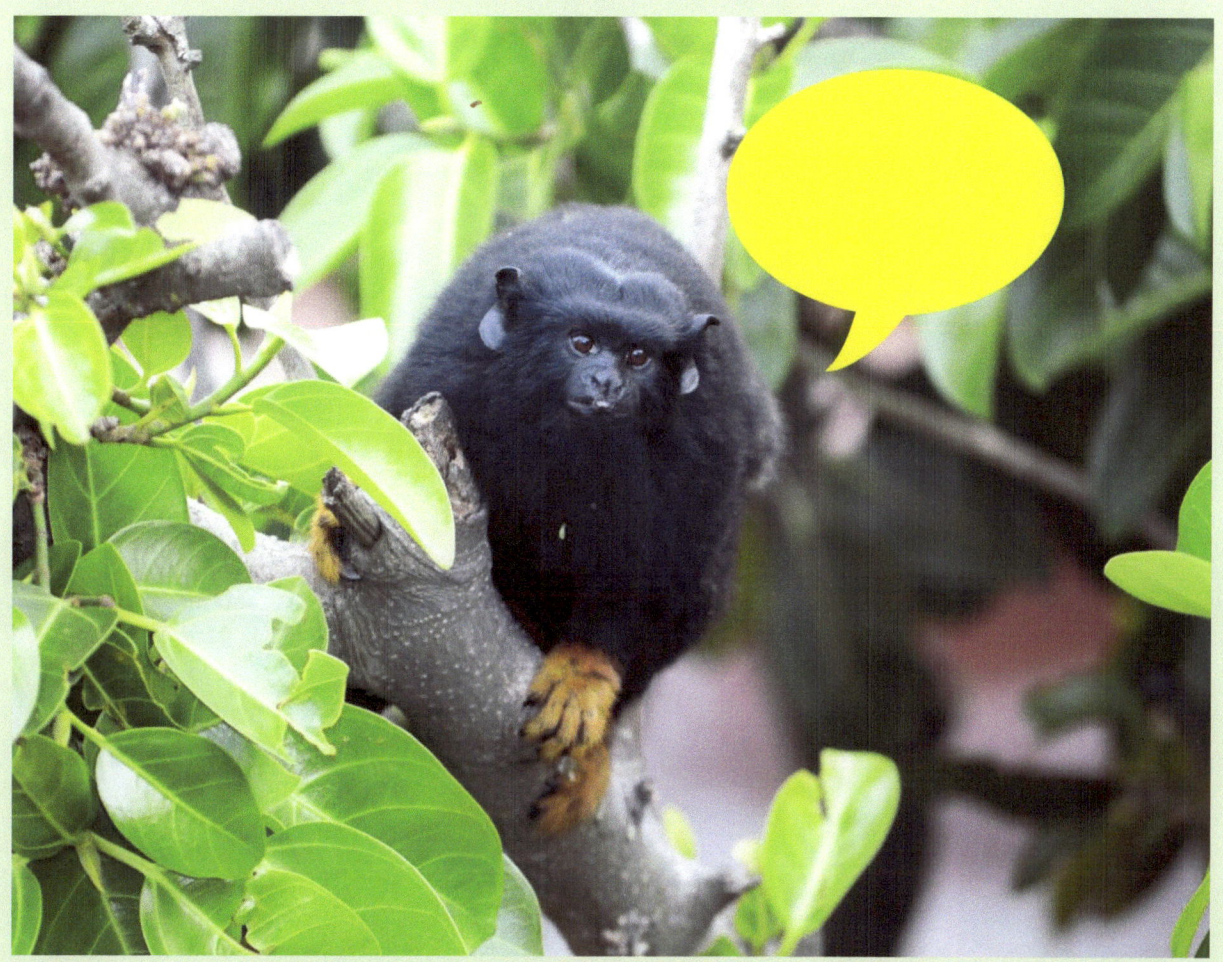

猴 | Mono | モンキー | Affe | Singe

Chinese | Spanish | Japanese | German | French

Ostrich

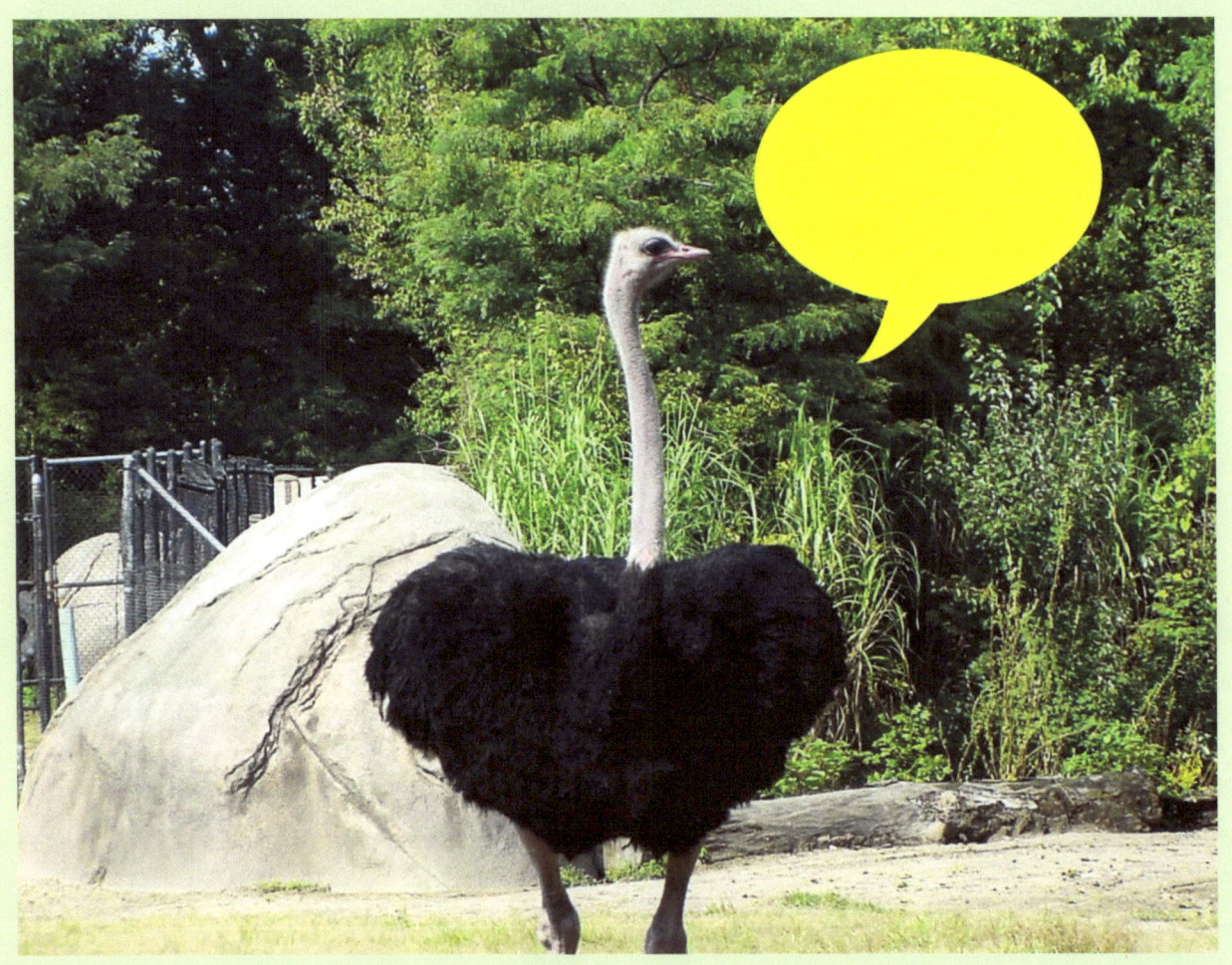

鸵鸟 | Avestruz | ダチョウ | Strauß | Autruche

Chinese | Spanish | Japanese | German | French

Panda

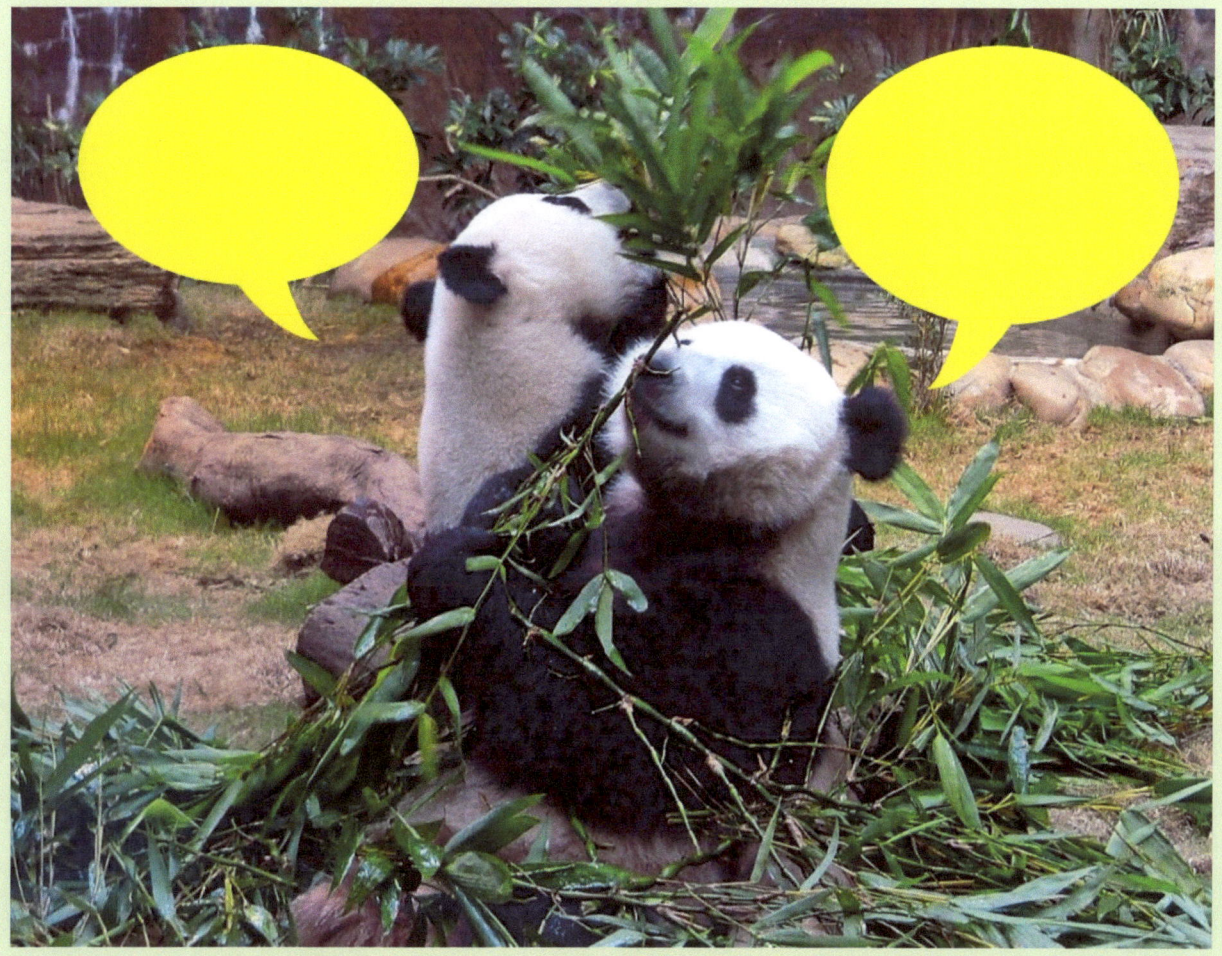

熊貓 | Panda | パンダ | Panda | Panda

Chinese | Spanish | Japanese | German | French

Parrot

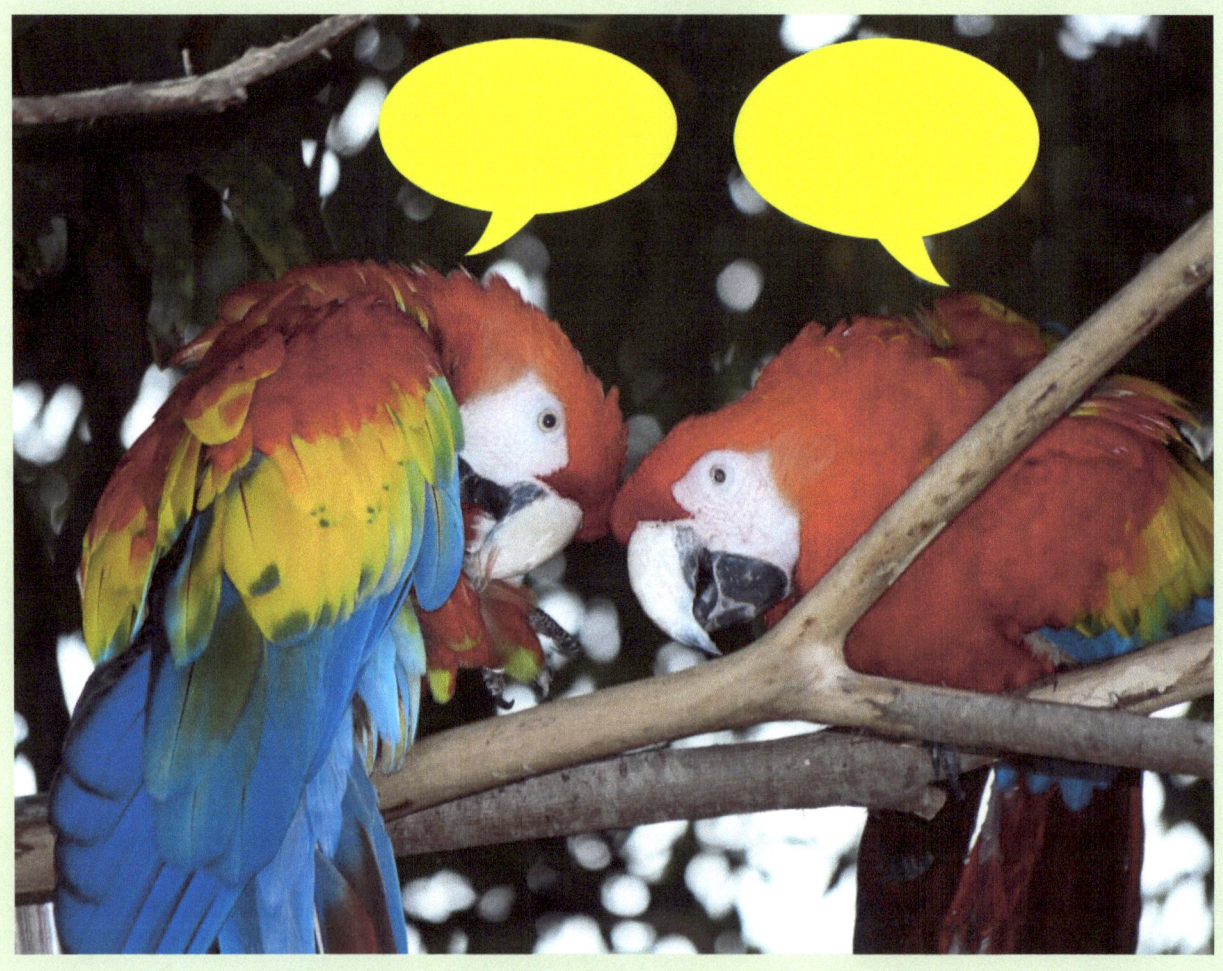

鸚鵡 | Loro | オウム | Papagei | Perroquet

Chinese | Spanish | Japanese | German | French

Penguin

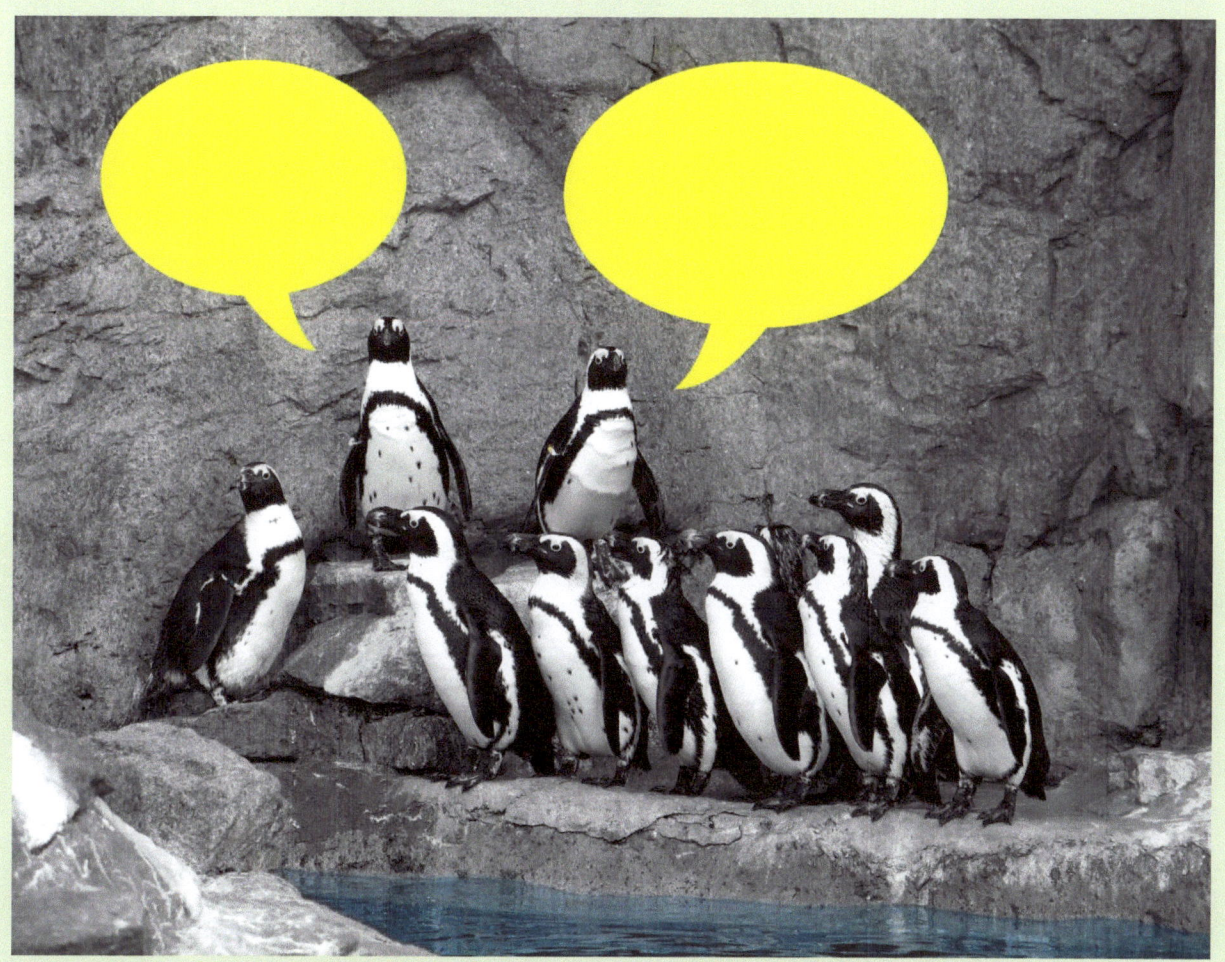

企鹅 | Pingüino | ペンギン | Pinguin | Manchot

Chinese | Spanish | Japanese | German | French

Pig

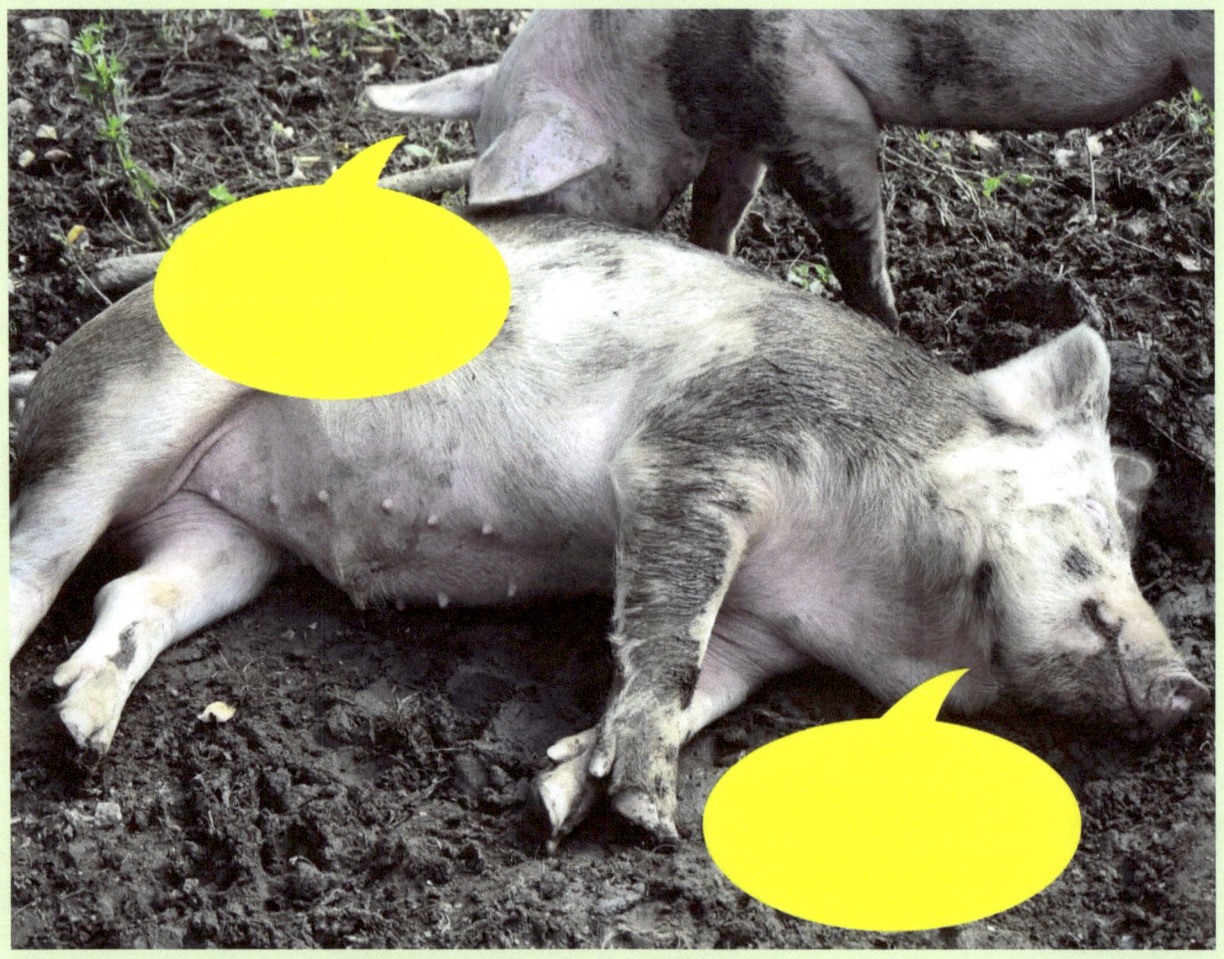

豬 | Cerdo | 豚 | Schwein | Porc

Chinese | Spanish | Japanese | German | French

Pigeon

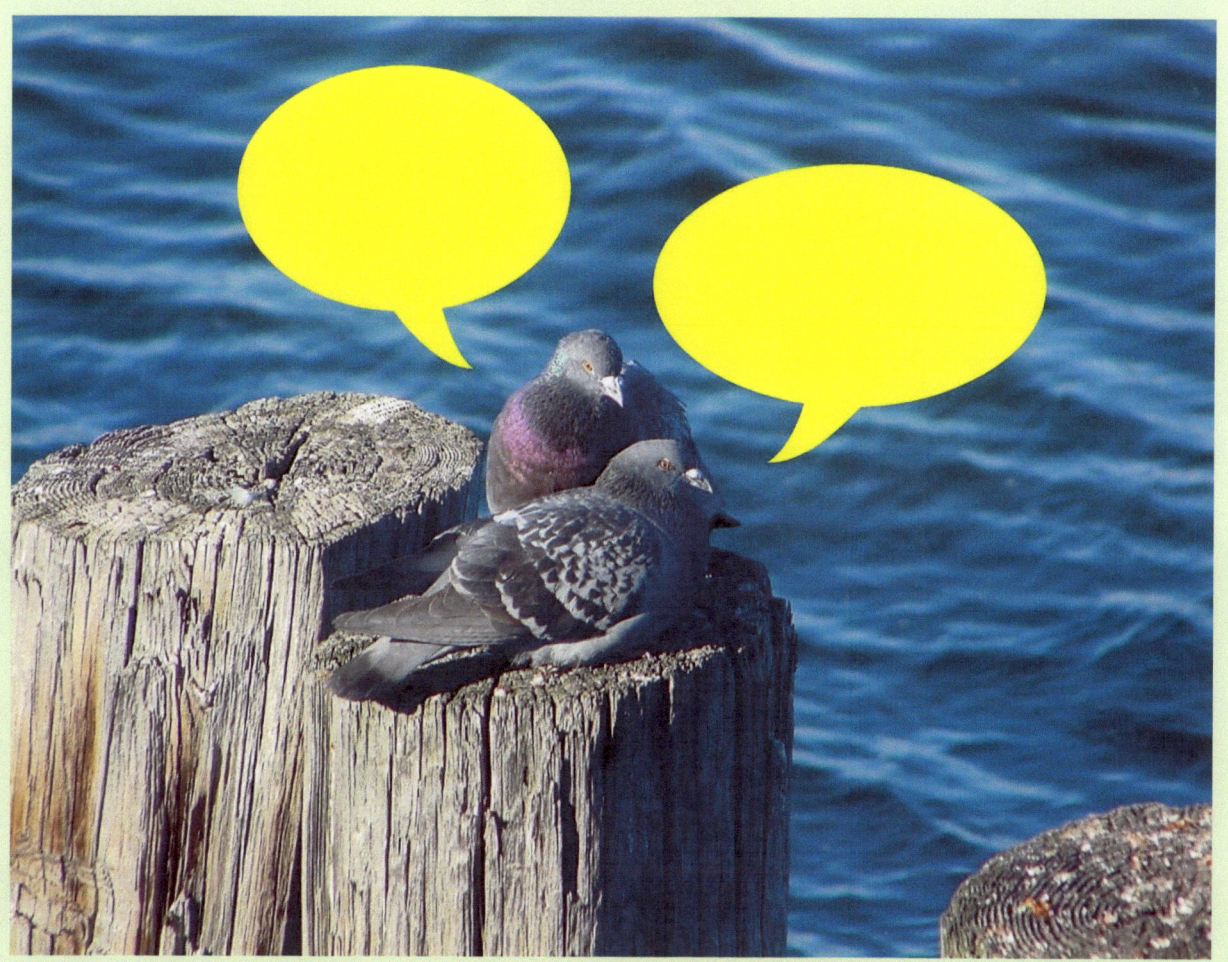

鴿子 | Paloma | 鳩 | Taube | Pigeon

Chinese | Spanish | Japanese | German | French

Polar Bear

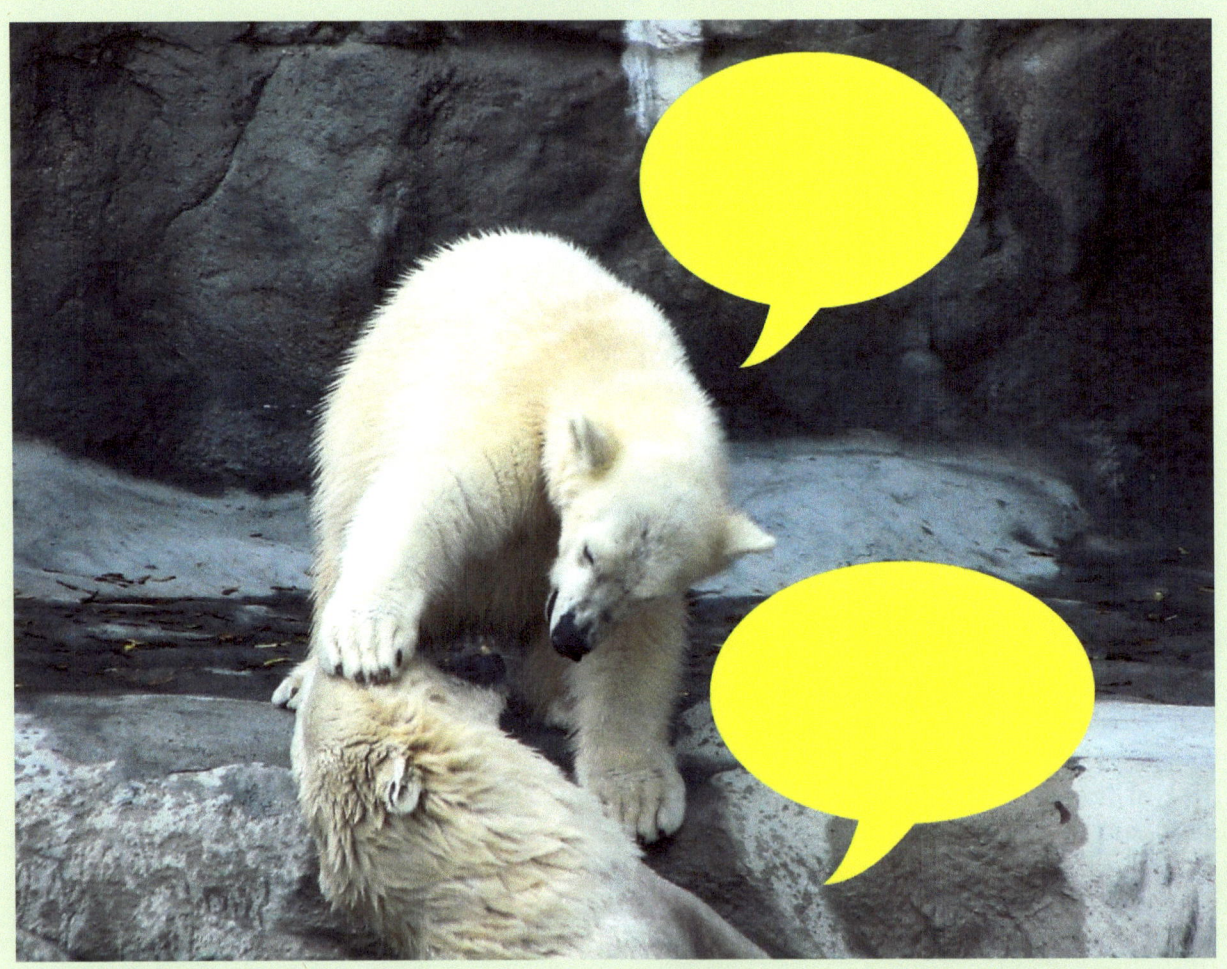

北極熊 | Oso Polar | ホッキョクグマ | Eisbär | Ours Polaire

Chinese | Spanish | Japanese | German | French

Rabbit

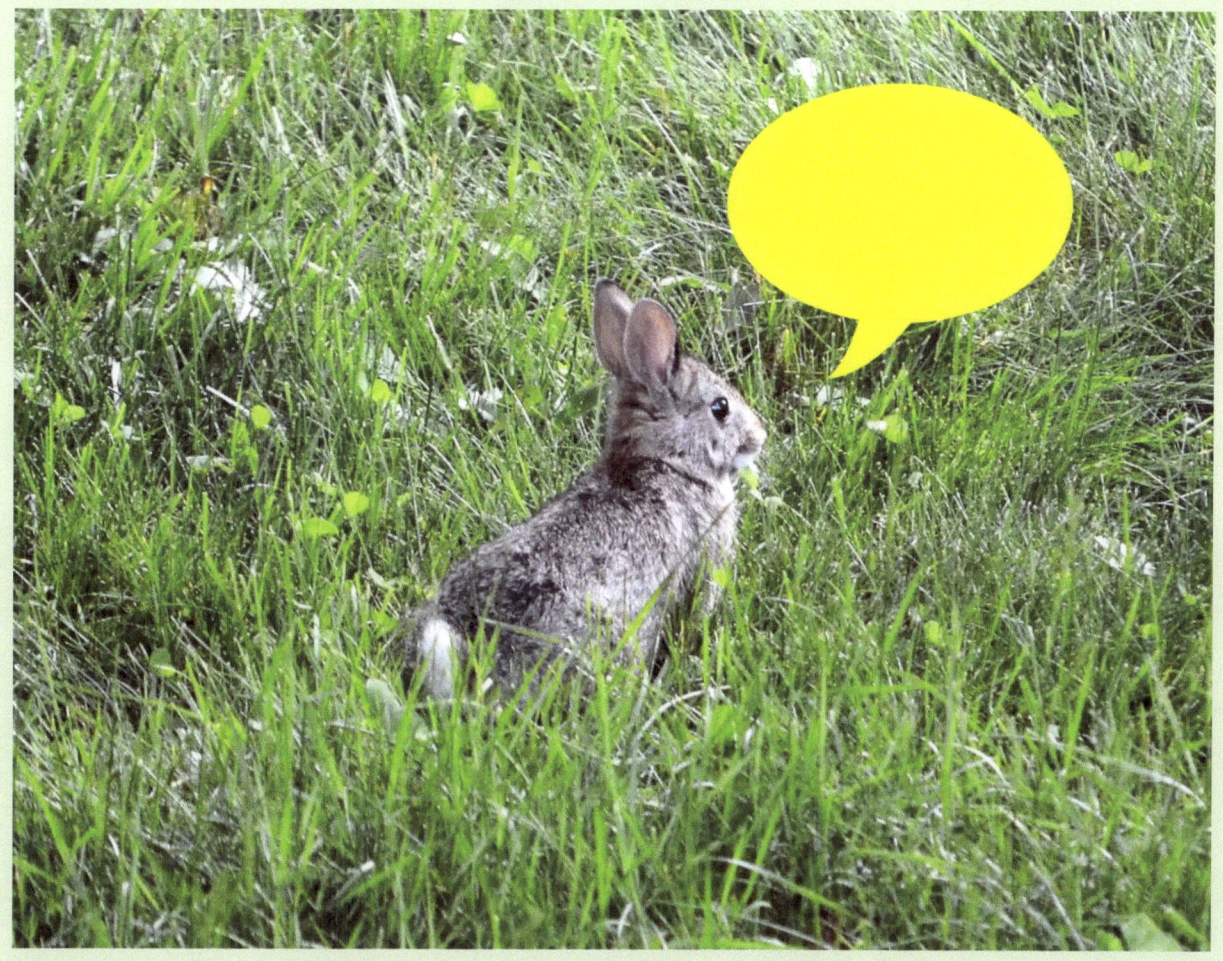

兔子 | Conejo | ウサギ | Hase | Lapin

Chinese | Spanish | Japanese | German | French

Raccoon

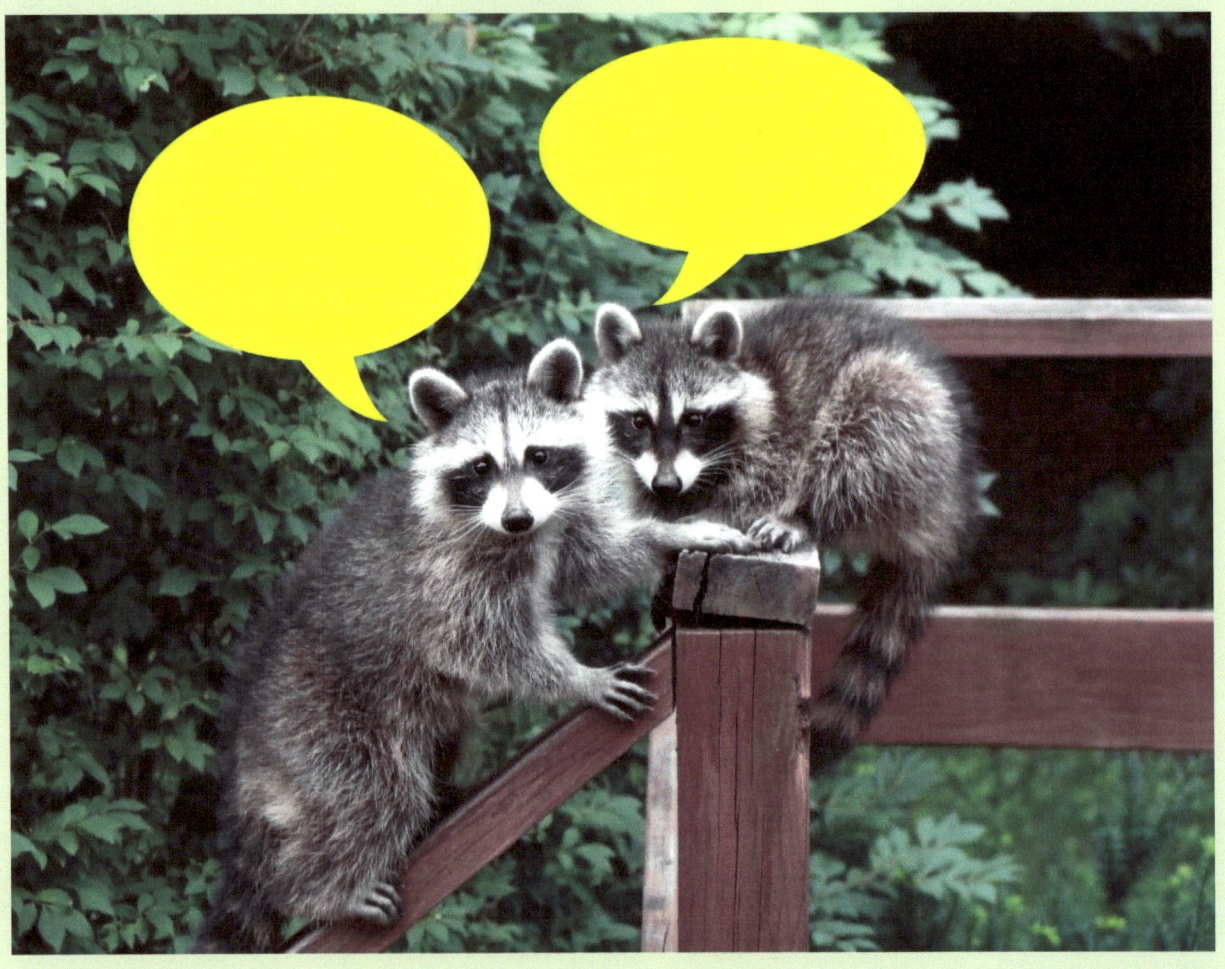

浣熊 | Mapache | ラクーン | Waschbär | Raton Laveur

Chinese | Spanish | Japanese | German | French

Robin

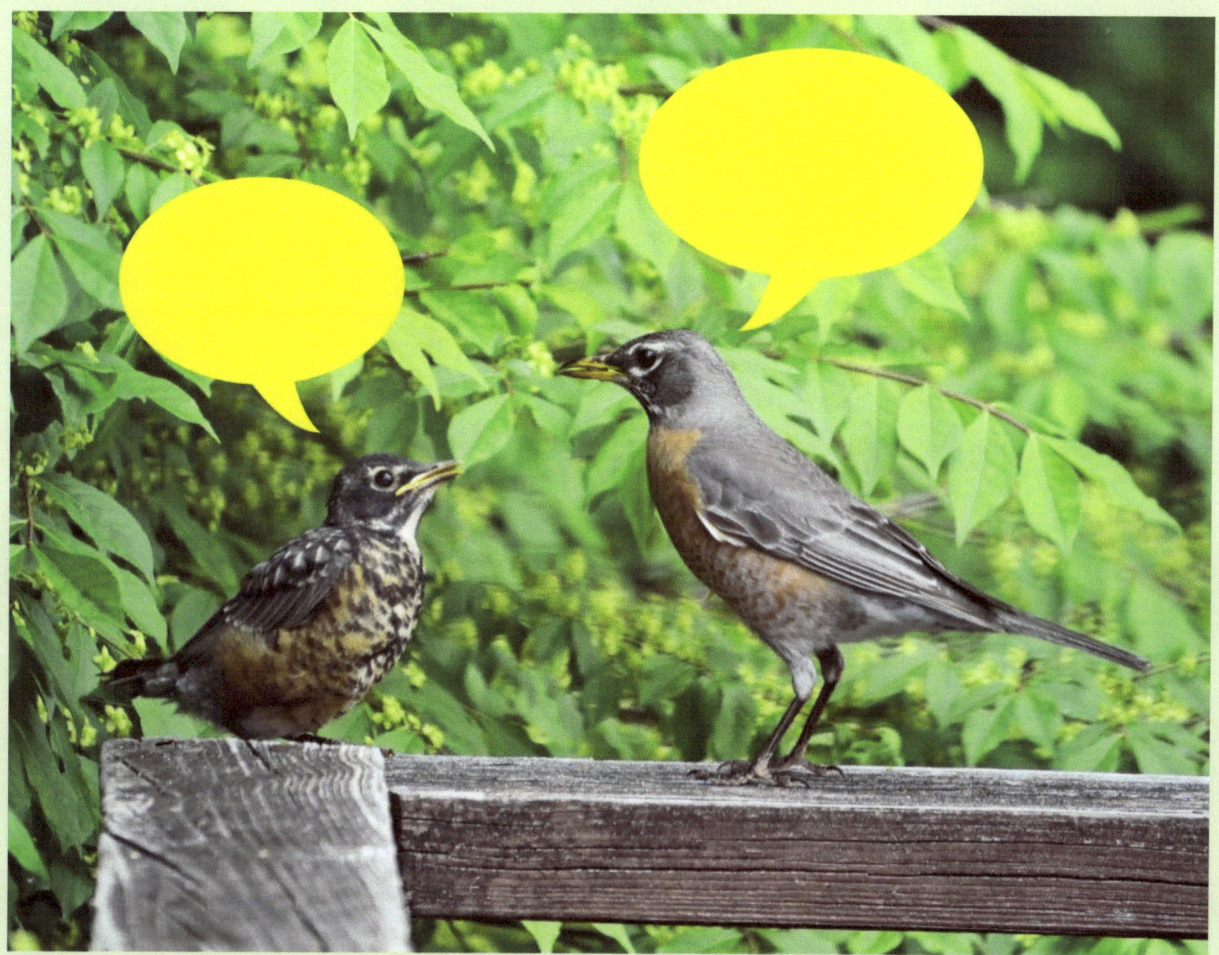

知更鳥 | Robin | ロビン | Robin | Robin

Chinese | Spanish | Japanese | German | French

Sea Lion

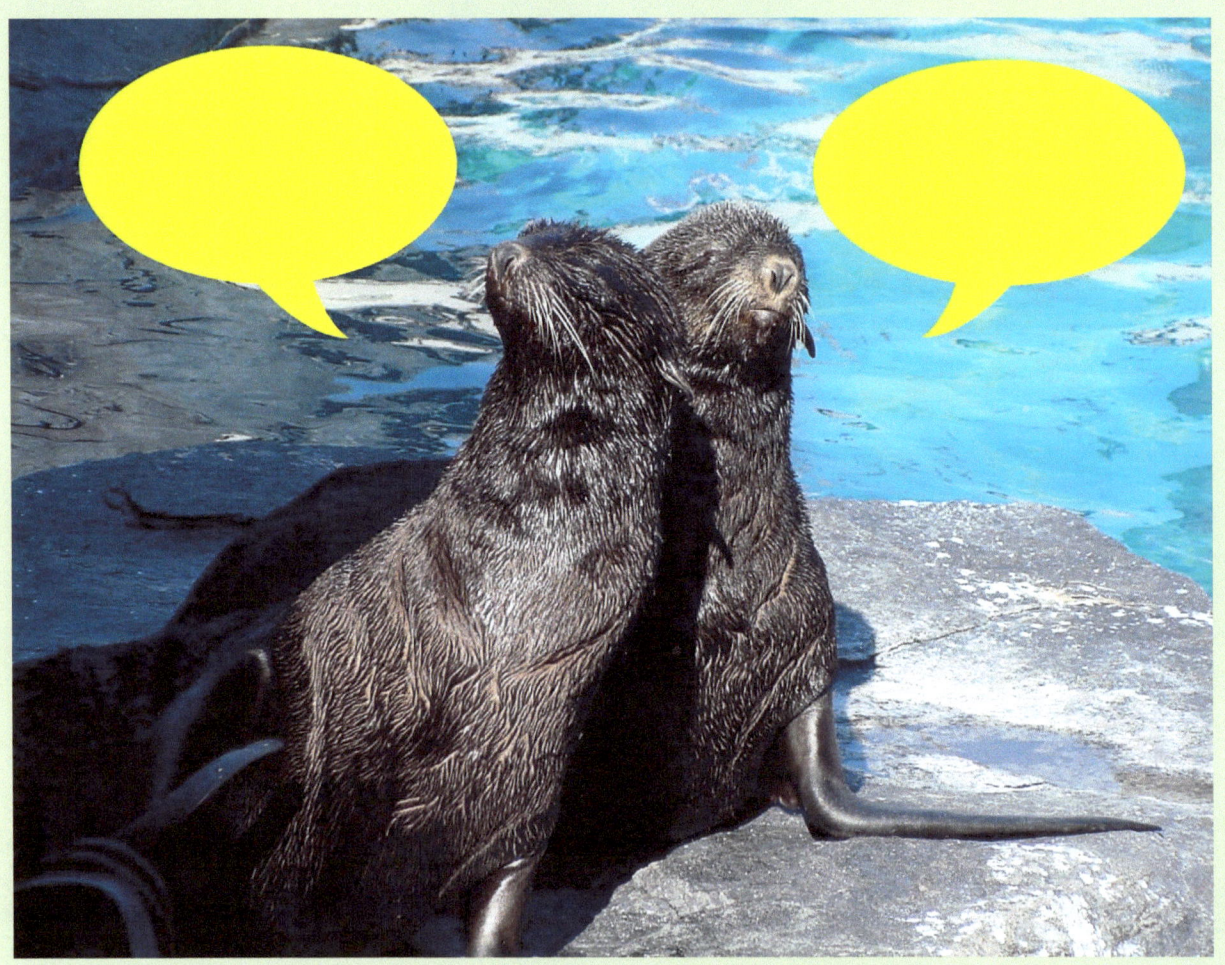

海獅 | León Marino | アシカ | Seelöwe | Lion De Mer

Chinese | Spanish | Japanese | German | French

Seagull

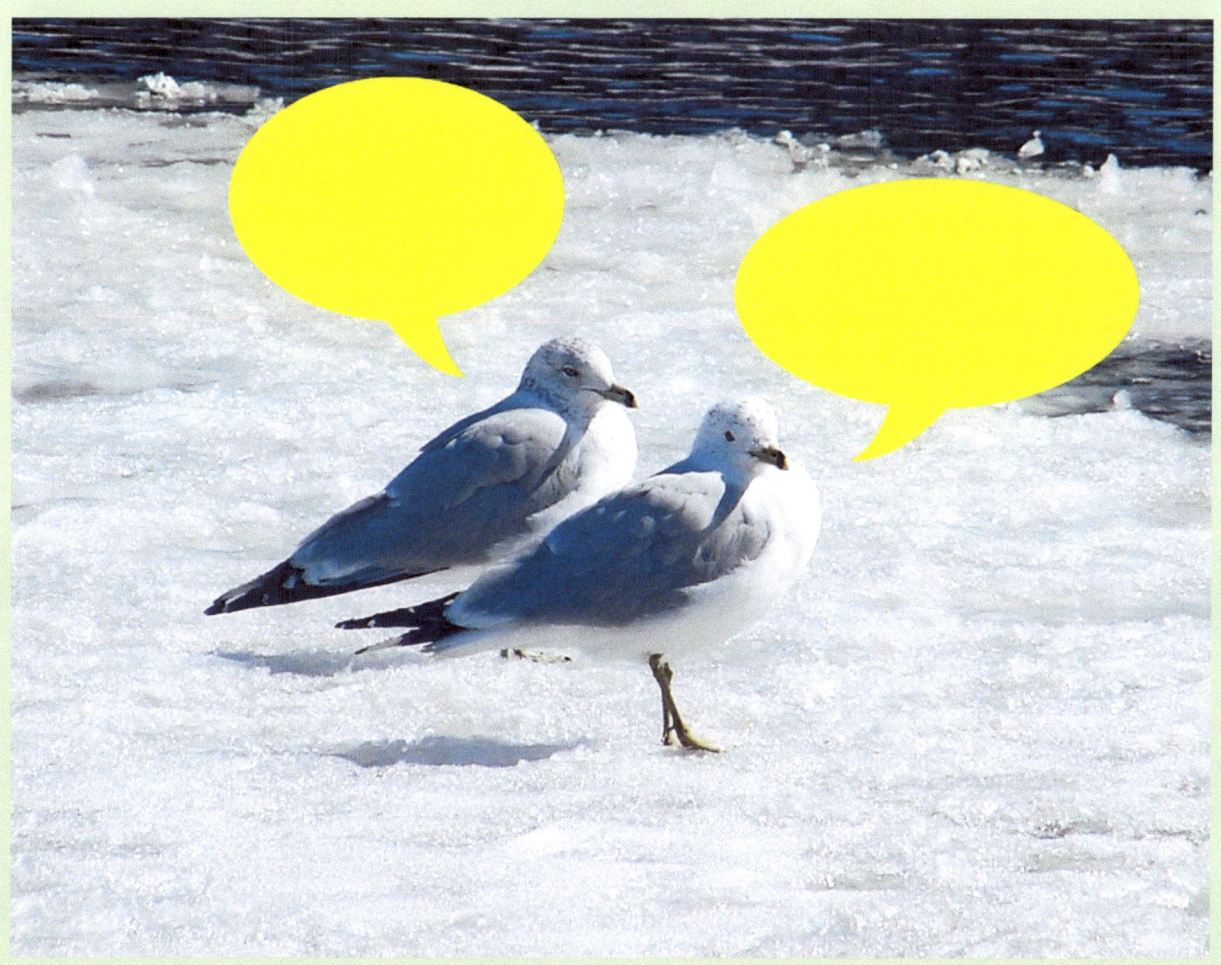

海鷗 | Gaviota | かもめ | Möwe | Mouette

Chinese | Spanish | Japanese | German | French

Snail

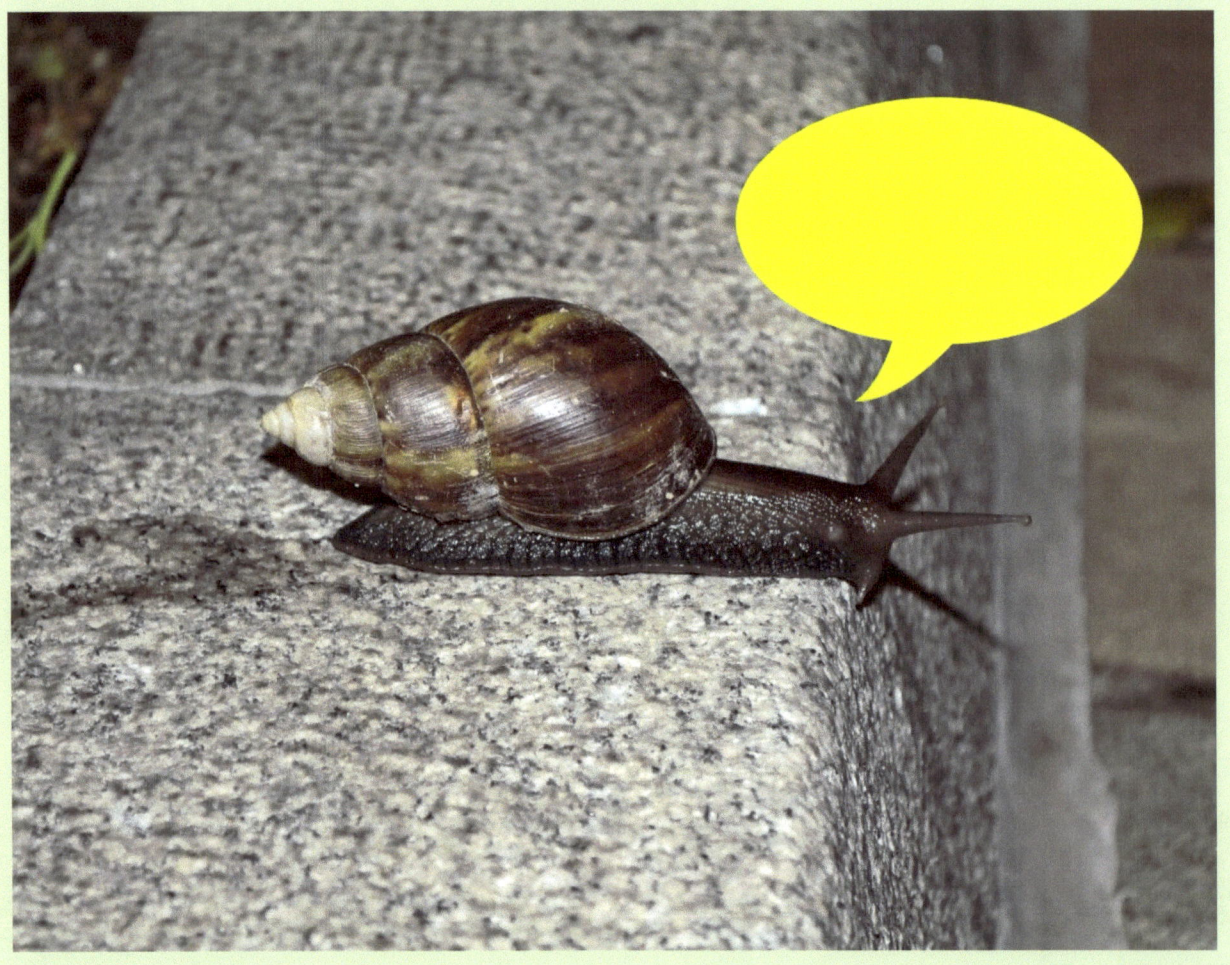

蜗牛 | Caracol | カタツムリ | Schnecke | Escargot

Chinese | Spanish | Japanese | German | French

Sparrow

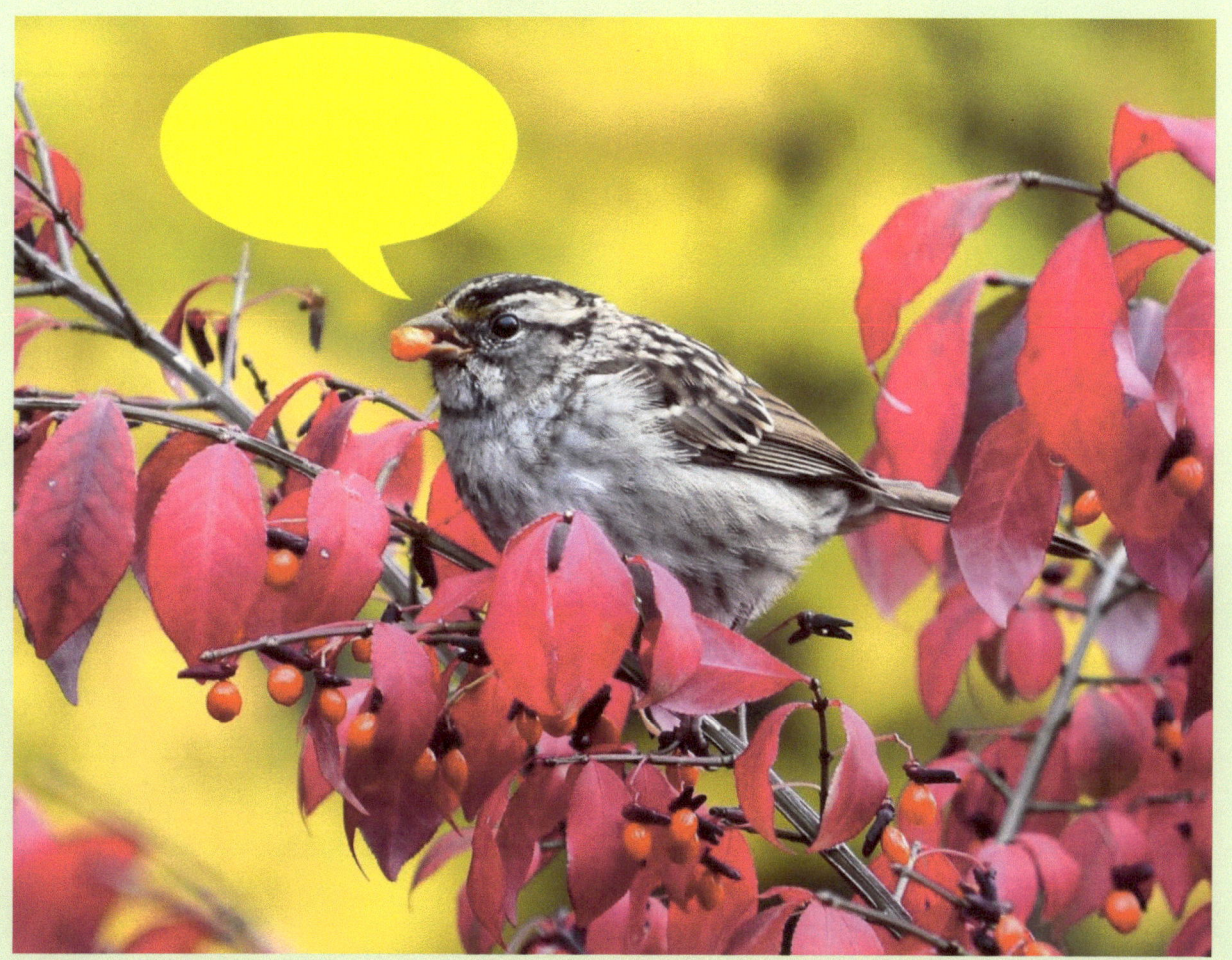

麻雀 | Gorrión | すずめ | Spatz | Moineau

Chinese | Spanish | Japanese | German | French

Squirrel

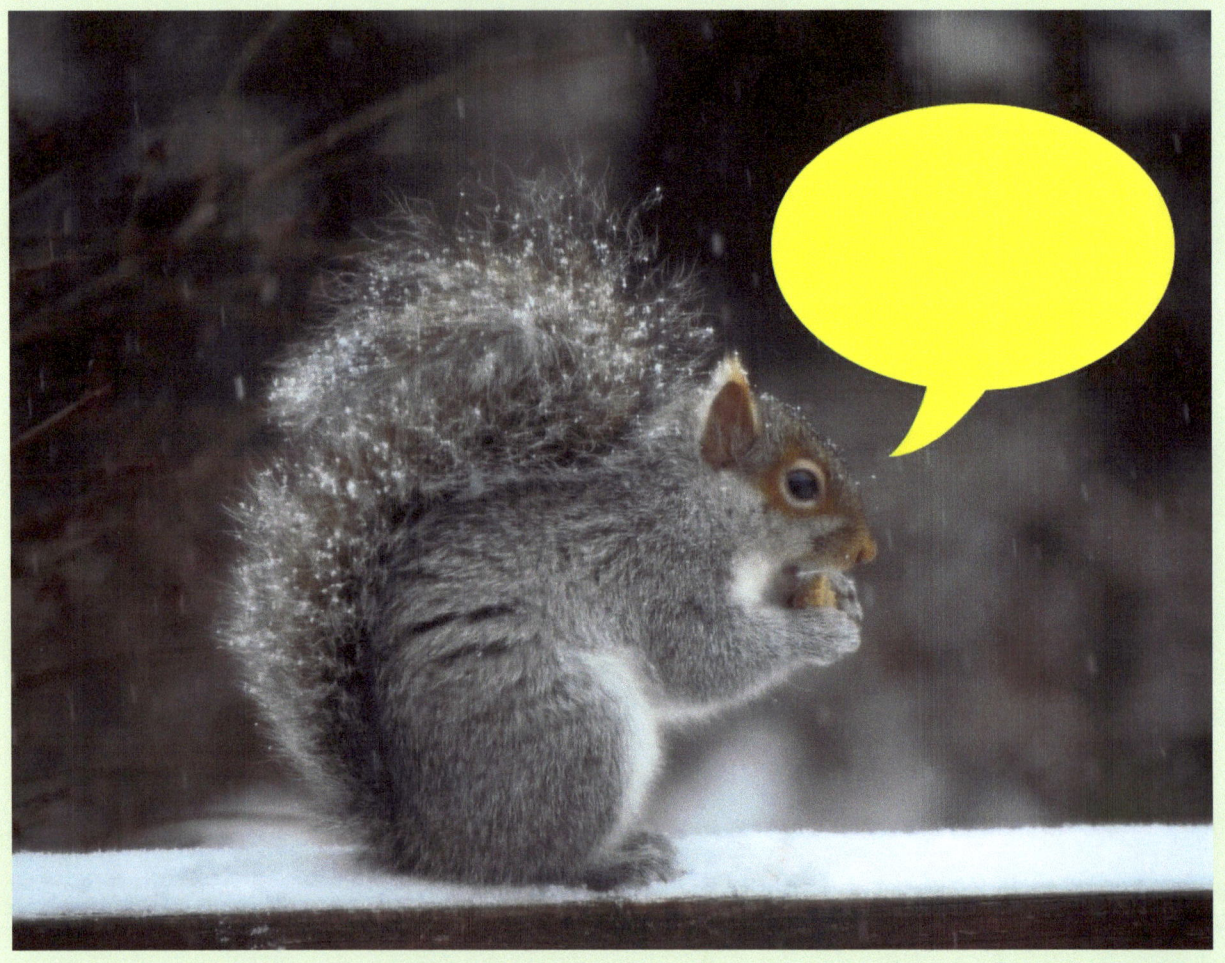

松鼠 | Ardilla | リス | Eichhörnchen | Écureuil

Chinese | Spanish | Japanese | German | French

Swan

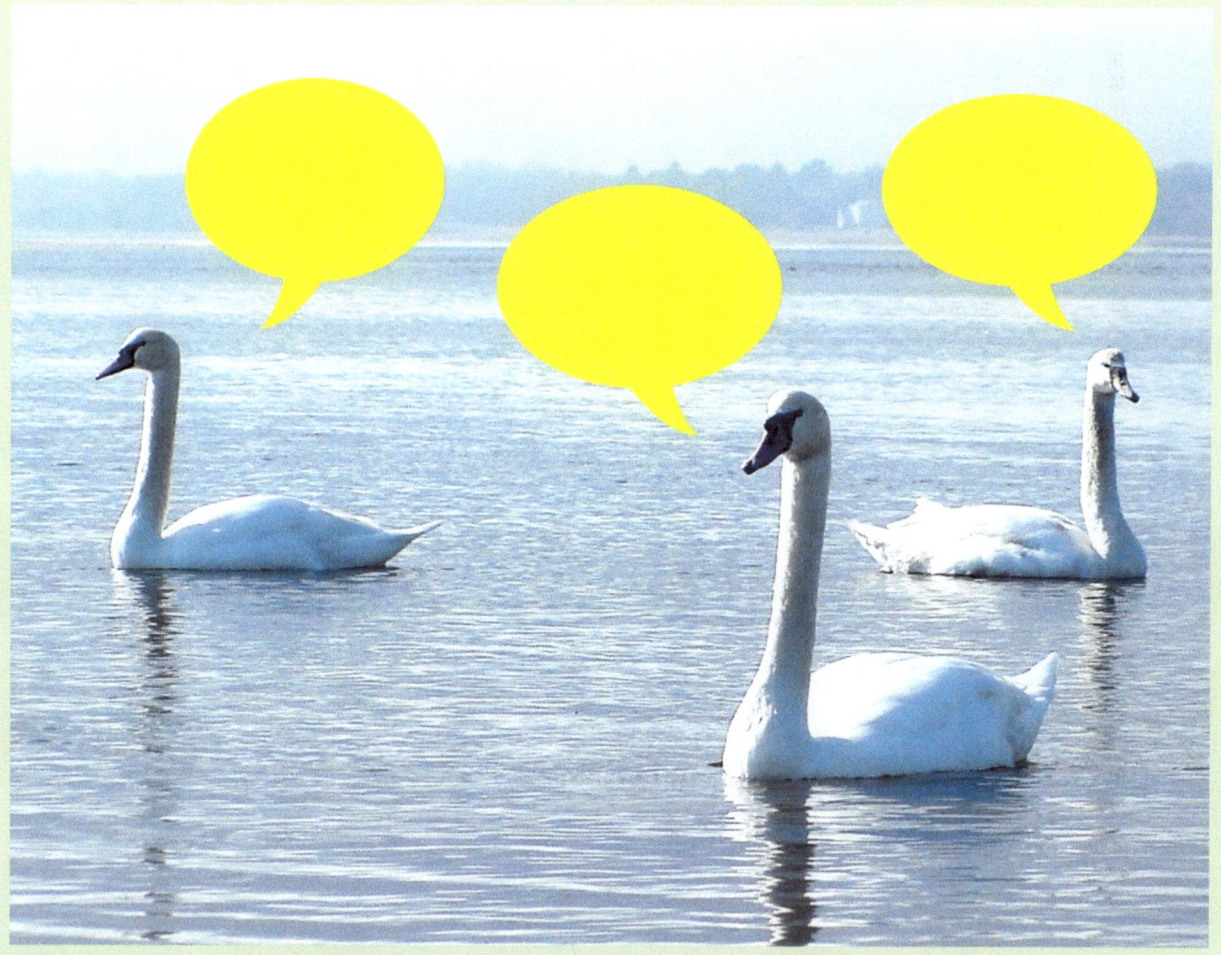

天鹅 | Cisne | 白鳥 | Schwan | Cygne

Chinese | Spanish | Japanese | German | French

Tortoise

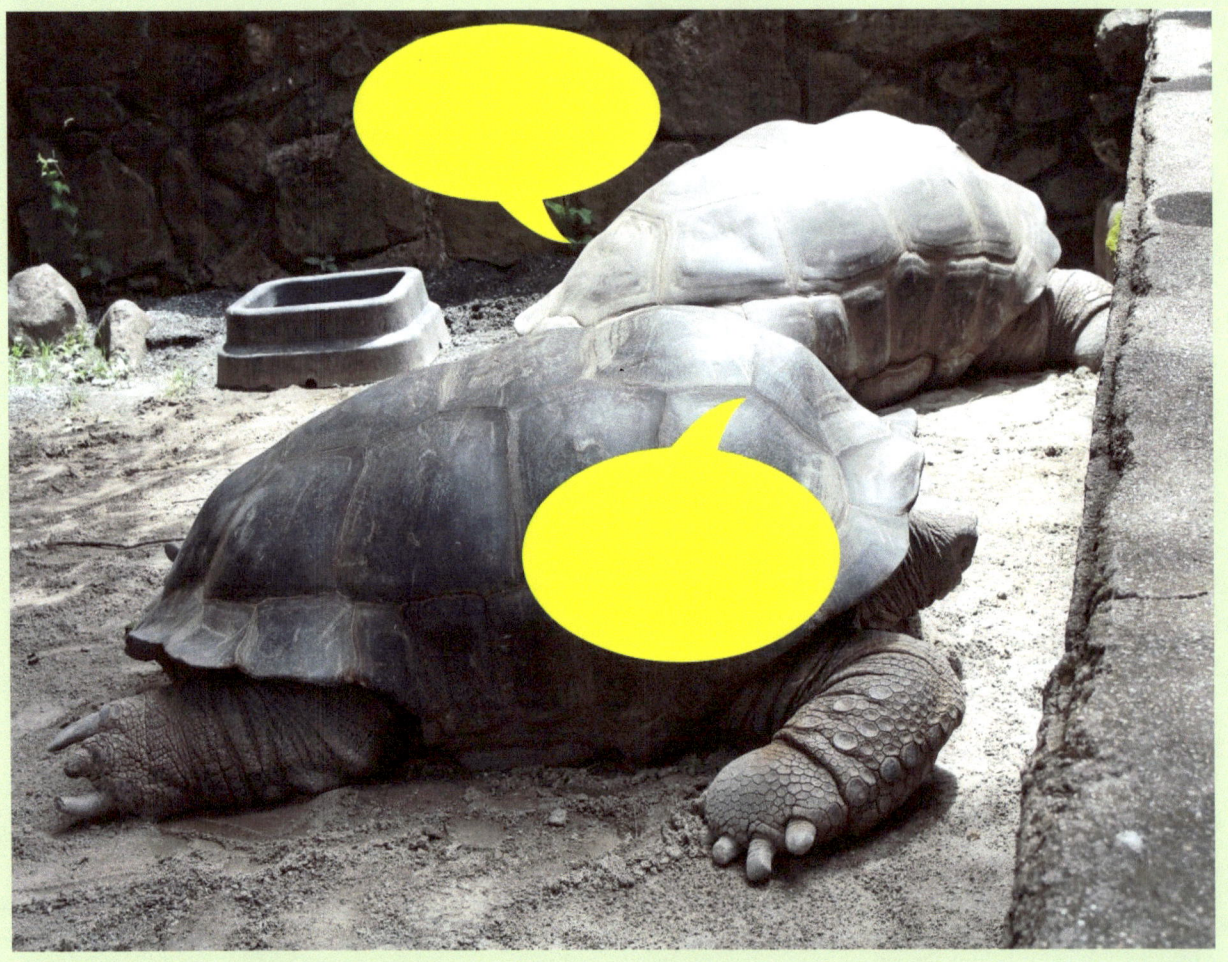

烏龜 | Tortuga | カメ | Schildkröte | Tortue

Chinese | Spanish | Japanese | German | French

Turkey

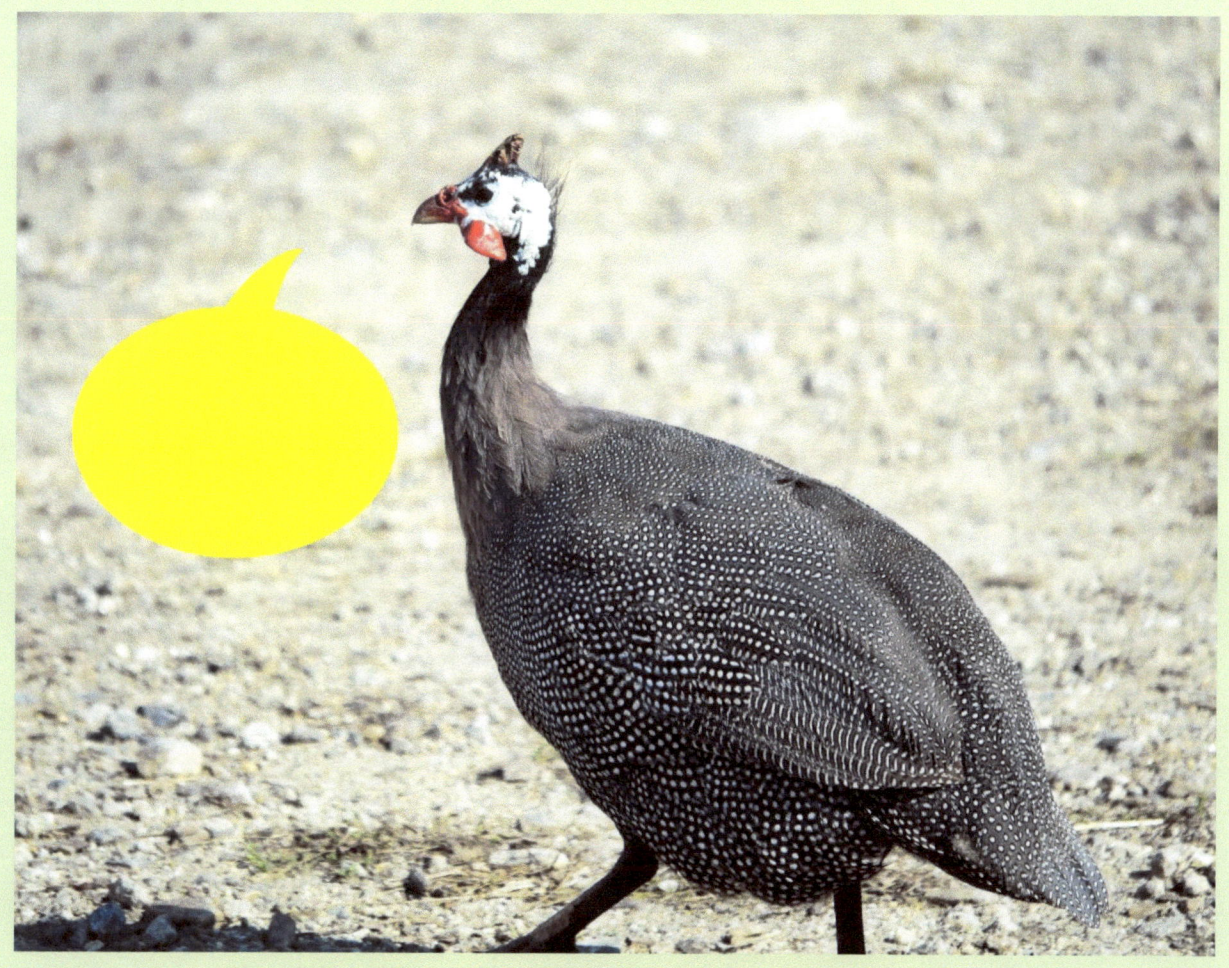

火雞 | pavo | **七面鳥** | Truthahn | Dinde

Chinese | Spanish | Japanese | German | French

Turtle

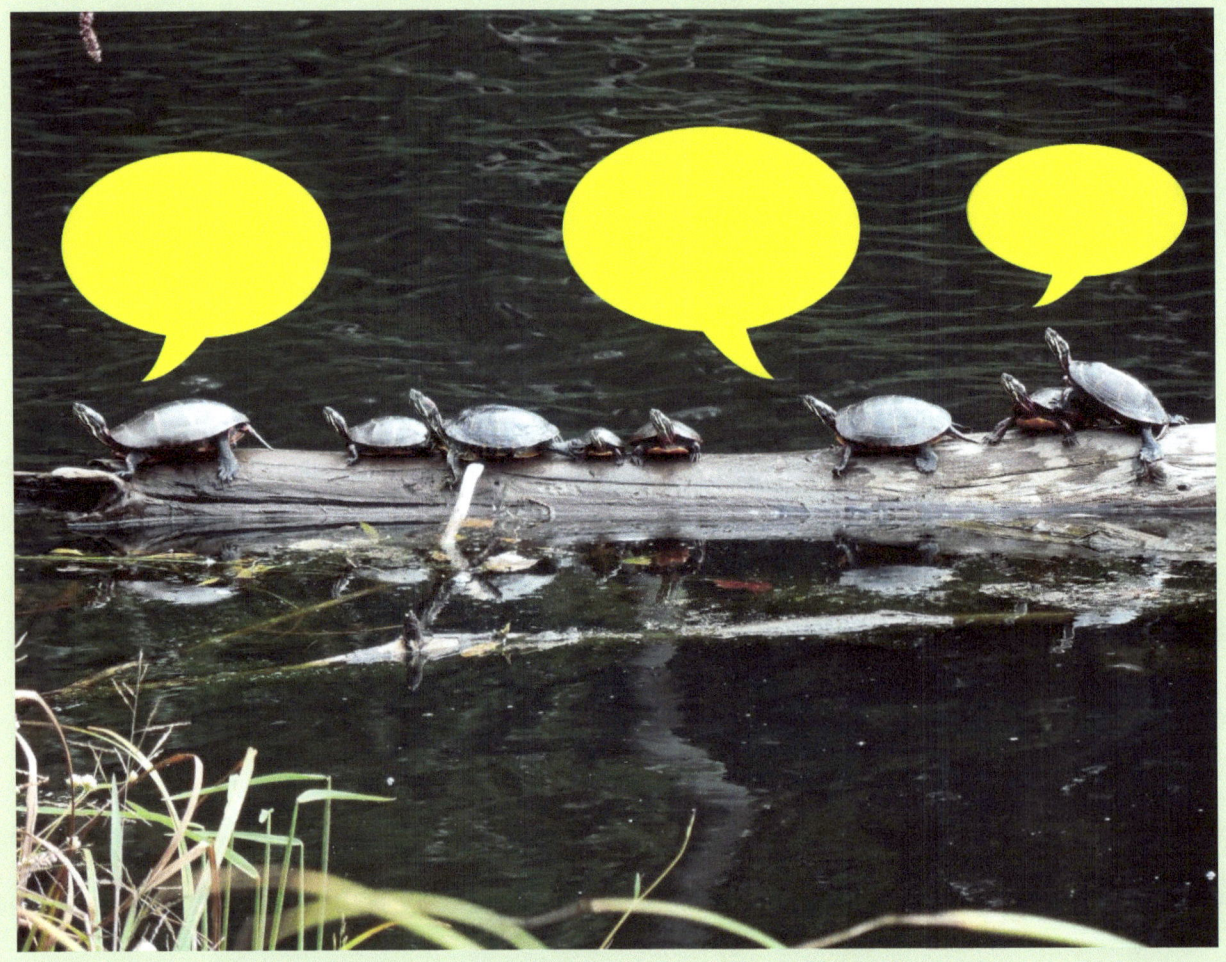

龜 | Tortuga | カメ | Schildkröte | Tortue

Chinese | Spanish | Japanese | German | French

Woodpecker

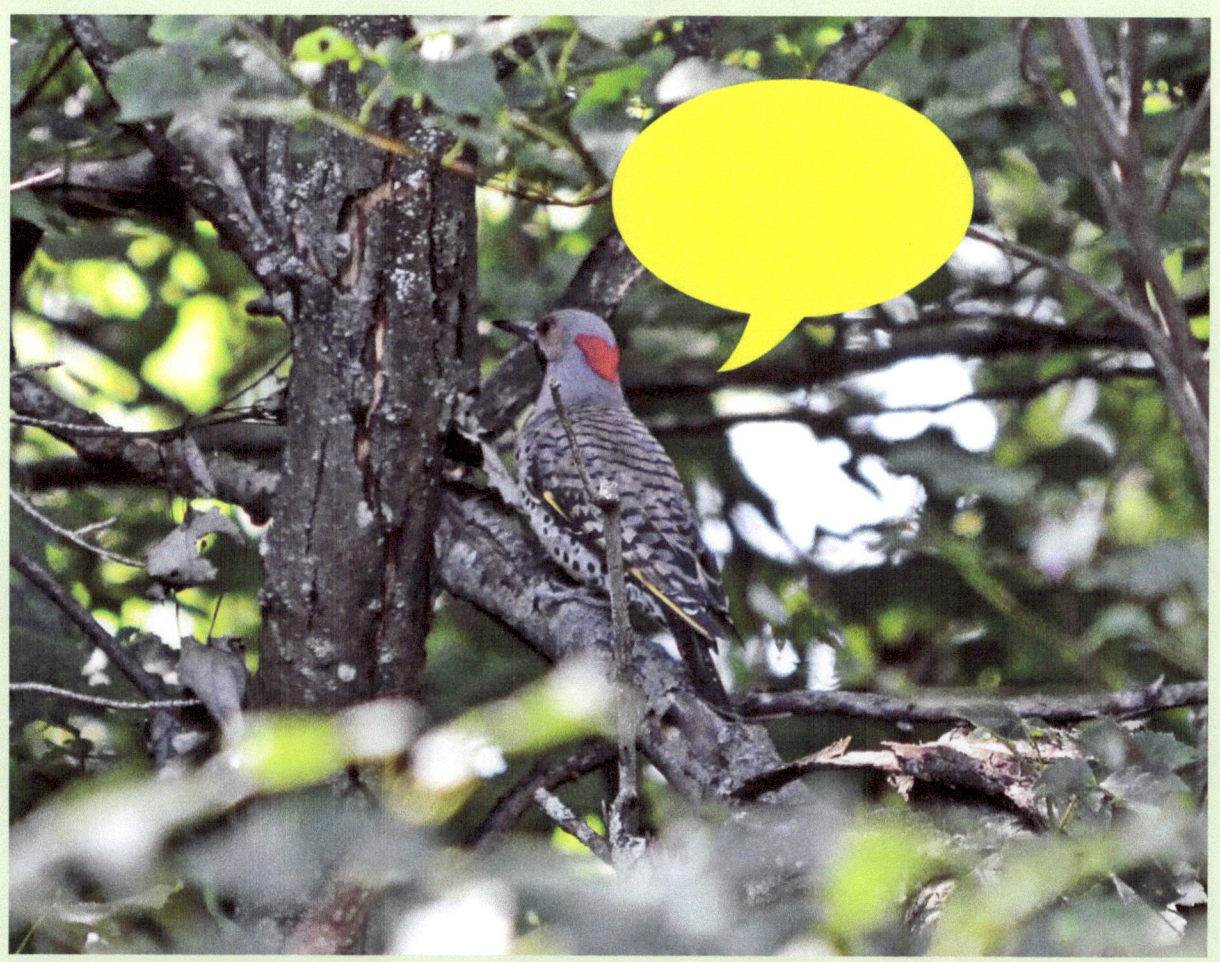

啄木鳥 | Pájaro Carpintero | キツツキ | Specht | Pivert

Chinese | Spanish | Japanese | German | French

Zebra

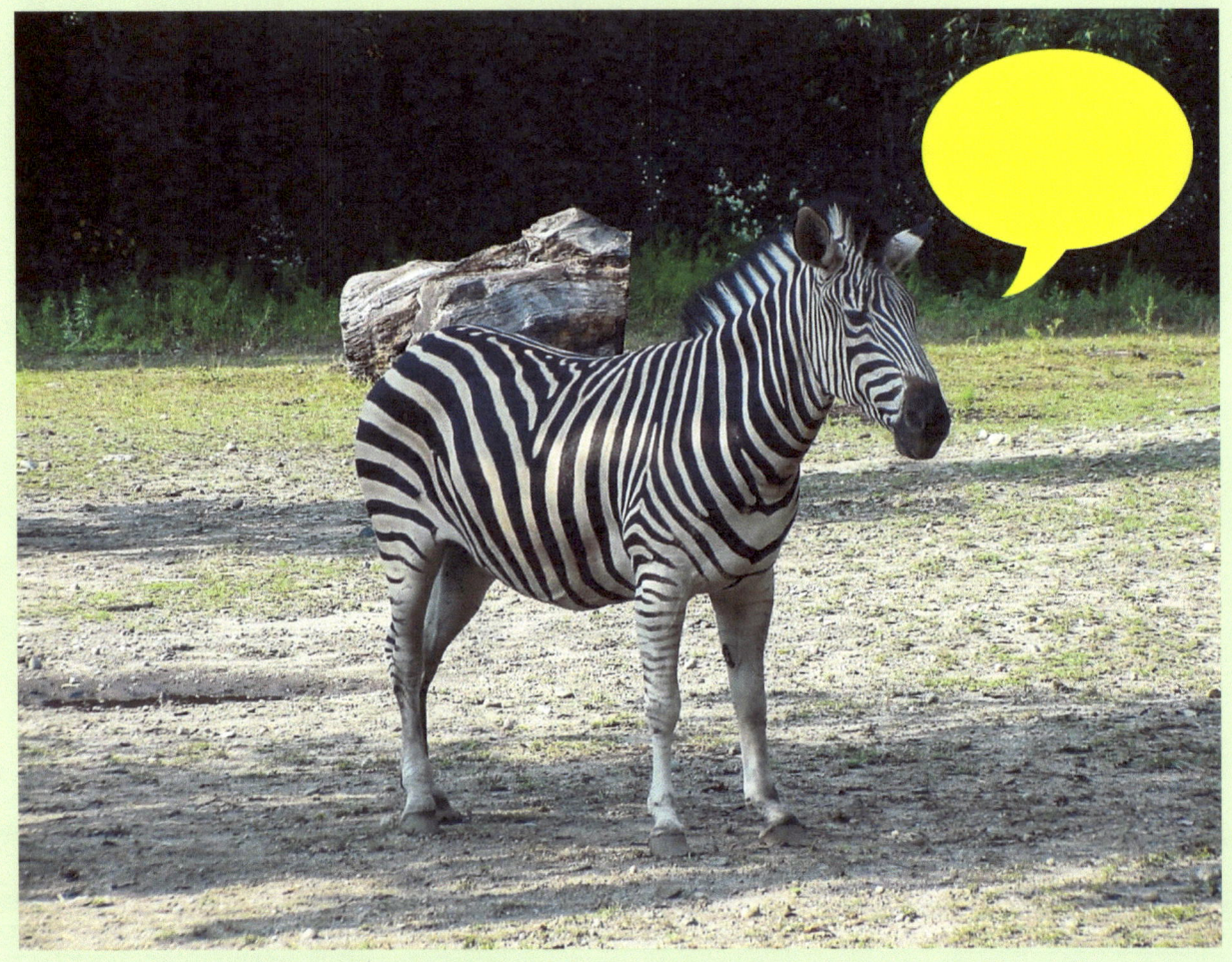

斑馬 | Cebra | シマウマ | Zebra | Zèbre

Chinese | Spanish | Japanese | German | French

Please submit a customer review for my book

Thank you for reading my book! If you or your family like it, please write a review for me on Amazon. In addition, you can share your review on social media, such as Goodreads, Facebook, Twitter … Your feedback will be greatly appreciated!

Book link: https://www.amazon.com/dp/1652551999

About the Author

Fine Art | Stock | Nature Photography

Sam C. Lee is an award-winning photographer who captures the beauty of nature, engaging moments and concepts through pictures and videos. Sam's digital media has been widely used by creative professionals at graphic design firms, marketing departments and publishing channels on newspapers, magazines, books and online communities. His images/videos are available online via stock photo agencies and POD (Print On Demand) fine art websites, including Adobe Stock (Fotolia), Shutterstock, Getty Images (iStockphoto), Dreamstime, Imagekind, CafePress, Art.com and Fine Art America.

Instagram: @infomagespublishing
Email: samlee@infomages.com

www.ingramcontent.com/pod-product-compliance
Lightning Source LLC
Chambersburg PA
CBHW051206220526
45473CB00003B/919